智能网联汽车
核心技术丛书

智能网联汽车线控底盘技术

杨爱喜　严家祥　李兰友　迟晓妮　著

化学工业出版社

·北京·

内容简介

《智能网联汽车线控底盘技术》是"智能网联汽车核心技术丛书"中的一册。本书依托"杭州职业技术学院文库",聚焦于智能网联汽车产业线控底盘这一核心技术领域,通过7章,不仅系统地介绍了智能网联汽车的发展战略、产业链布局及关键技术,还详细阐述了线控底盘各子系统的结构原理、技术方法与控制策略。从战略规划到具体技术实现,从线控转向、制动、油门、换挡到悬架系统,每一章都力求全面覆盖,深入解析。书中不仅总结了国内外智能网联汽车及线控底盘技术的最新研究成果与应用案例,还针对我国在该领域的现状,提出了前瞻性的见解与建议。本书通过丰富的图表、案例分析和技术解析,旨在帮助读者全面理解智能网联汽车线控底盘技术的复杂性与前沿性,同时为行业从业者、科研人员及政策制定者提供宝贵的参考与启示。

本书适合智能网联汽车线控底盘领域的技术研发工程师、产品测试工程师、质量论证人员阅读学习,也可作为国内高校汽车相关专业的师生参考,对智能网联汽车感兴趣的人群也可以阅读。

图书在版编目(CIP)数据

智能网联汽车线控底盘技术 / 杨爱喜等著. -- 北京:化学工业出版社,2024.11. --(智能网联汽车核心技术丛书). -- ISBN 978-7-122-46415-6

Ⅰ. U463.1

中国国家版本馆CIP数据核字第20247E8H65号

责任编辑:雷桐辉 文字编辑:王 硕
责任校对:宋 夏 装帧设计:王晓宇

出版发行:化学工业出版社
（北京市东城区青年湖南街13号　邮政编码100011）
印　　刷:北京云浩印刷有限责任公司
装　　订:三河市振勇印装有限公司
787mm×1092mm　1/16　印张14　字数247千字
2025年1月北京第1版第1次印刷

购书咨询:010-64518888　　　　　售后服务:010-64518899
网　　址:http://www.cip.com.cn
凡购买本书,如有缺损质量问题,本社销售中心负责调换。

定　　价:89.00元　　　　　　　　版权所有　违者必究

前言 PREFACE

汽车产业的发展向来具有很高的关注度,被世界各国视为重要的经济新引擎。智能网联汽车作为世界汽车产业转型升级的重要战略方向,已成为各国博弈的制高点。目前各国都在极力抢占产业发展先机,以获得更多的市场份额。

比如,美国智能网联汽车产业的发展已经迈入新的发展阶段,正不断搭建综合型道路。该道路可以实现智能网联汽车系统、道路系统、驾驶员和云平台的一体化,真正做到车、路、云的协同发展,从而力争在未来智能网联汽车市场中获得更多的市场份额。而以德国为首的一些欧洲国家正在探索发展智慧交通系统,推动汽车产业与新兴技术的深度融合,不断创新智能交通生活方式,推动城市、汽车、交通和科技应用发展的一体化建设。

现阶段,我国的高端自主汽车品牌已经开始在智能网联汽车领域进行市场布局,一些掌握核心技术的新型车企也纷纷加入,掀起了一波智能网联汽车测试与示范应用的热潮。此外,多项产业技术取得明显突破,智能网联汽车产业已经基本形成闭环,L2级辅助驾驶也已经实现大规模落地。为推动智能网联汽车行业的发展,我国近年来出台了一系列相关政策。得益于政策层面的支持,我国智能网联汽车在信息通信、道路交通、整车制造等多个领域均取得了突破性进展,产业生态也日益丰富。相关政策的出台为智能网联汽车行业顶层目标的提出、各种规范的制定以及核心技术的发展指出了明确的方向,营造了良好的发展环境。比如,2023年11月,工业和信息化部、公安部、住房和城乡建设部、交通运输部联合发布了《四部委关于开展智能网联汽车准入和上路通行试点工作的通知》,以期推进智能网联汽车规模化推广和安全应用,规范行业健康有序发展，构建汽车、能源、智慧城市等融合互动的产业生态，助力智能网联汽车产业协同创新与高质量发展。

目前，全球智能网联汽车产业已经进入高速增长快车道。与传统的燃油式汽车相比，智能网联汽车不仅零部件的标准化程度更高、机械结构更为简单，而且整车架构向域集中/中央控制架构升级。在相关技术的推动下，汽车底盘作为智能驾驶的主要载体，其线控化已成大势所趋。与传统底盘相比，线控底盘系统不需要采用大量的机械连接装置及液压/气压等辅助装置，能够极大提升汽车的能量利用效率和续航能力。此外，伴随线控底盘技术的发展，线控底盘系统还将体现出更多优势，比如：车辆响应和执行决策信息的效率更高，控制精度更高，零部件维护成本有效降低等。

智能网联汽车的发展，无疑遵循"软件定义汽车"的逻辑。那么，汽车的执行机构必然会从集中式过渡为分布式，而电气电控架构则会从分布式转变为集中式，线控底盘是这一发展趋势的典型代表。实际上，采埃孚（ZF Friedrichshafen AG）、博世（BOSCH）等汽车技术供应商在20世纪90年代末已经开始研发线控底盘相关技术，并积累了丰富的经验。由于线控底盘技术的研发涉及硬件、软件等多个方面，技术门槛高，我国在此领域的起步较晚。但凭借良好的智能网联汽车发展前景，国内线控底盘研发也将迎来难得的机遇。未来，伴随技术和政策的双重刺激，智能网联汽车产业将不断发展，线控底盘市场也有望迎来几何式增长。

本书研究内容依托于教育部高等学校科学研究发展中心中国高校产学研创新基金课题（课题编号：2022IT221）、2022年度浙江省"尖兵""领雁"研发攻关项目（课题编号：2022C04023）、2024年度浙江省教育科学规划职业教育教师教学创新团队专项课题（课题编号：2024JCD017）、2022年度浙江省教育厅高校国内访问工程师校企合作项目（课题编号：FG2022072）、杭州职业技术学院高层次人才科研启动项目（编号：HZYGCC202109，HZYGCC202230）、浙江省首批职业院校技能大师工作室"杨爱喜技能大师工作室"（立项号：浙教办函[2023]119号）、浙江省市场监督管理局2025年度科技计划项目重点项目"新能源汽车动力电池系统EIS时频全生命周期智能诊断与监测关键技术研究"（项目编号：ZD2025002，主持单位：浙江省质量科学研究院），全面阐述智能网联汽车线控底盘模块的基础理论、技术方法与实践策略，分别从智能网联汽车发展概况、控制执行技术、线控转向系统、线控制动系统、线控油门系统、线控换挡系统、线控悬架系统7个维度出发，对智能网联汽车线控底盘的系统组成、结构原理进行了详细分析，并深度剖析智能网联汽车线控底盘的关键技术与控制策略，试图为读者提供一些有益的借鉴与思考，为实现电动汽车智能底盘产业的快速发展提供有力支撑。

本书对从事智能网联汽车线控底盘领域技术研发、产品测试、质量论证等相关工作的专业人员具有一定的参考价值，可供智能网联汽车行业的政策制定者、企业管理者、科研工作者以及汽车第三方检测机构人员阅读参考，也可作为国内高校汽车相关专业本科生、研究生的参考教材。此外，由于本书是"智能网联汽车核心技术丛书"中的一册，因此推荐读者结合丛书中的其他书籍对照阅读，以便对智能网联汽车产业的发展有更加全面系统的了解和更为深入准确的把握。

特别感谢时培成教授，他为本书提供了宝贵的意见和建议。此外，还要感谢邵立东、张洪利、臧豫徽、许柳柳、黄瑞钦、叶昭芳等，他们为本书提供了相关数据和统计信息。

由于作者水平和时间有限，书中不足之处在所难免，敬请广大读者批评指正。

著者

目录

第1章 智能网联汽车发展概况 ... 001
1.1 智能网联汽车产业基本情况 ... 002
- 1.1.1 智能网联汽车的概念与发展历程 ... 002
- 1.1.2 智能网联汽车产业链全景 ... 005
- 1.1.3 智能网联汽车的关键技术 ... 008
- 1.1.4 5G赋能智能网联汽车发展 ... 011

1.2 全球智能网联汽车战略布局 ... 013
- 1.2.1 国外智能网联汽车发展战略 ... 013
- 1.2.2 我国智能网联汽车政策体系 ... 016
- 1.2.3 我国智能网联汽车发展路径 ... 018
- 1.2.4 我国智能网联汽车产业发展建议 ... 020

1.3 基于车路协同的自动驾驶应用 ... 021
- 1.3.1 车路协同技术简介 ... 021
- 1.3.2 车路协同的四个发展阶段 ... 023
- 1.3.3 车路协同驱动未来自动驾驶 ... 025
- 1.3.4 基于车路协同的自动驾驶平台 ... 026

第2章 智能网联汽车控制执行技术 ... 031
2.1 智能网联汽车线控底盘的系统构成 ... 032
- 2.1.1 线控底盘技术 ... 032
- 2.1.2 线控转向系统 ... 034
- 2.1.3 线控驱动系统 ... 036
- 2.1.4 线控制动系统 ... 037
- 2.1.5 线控悬架系统 ... 039

2.2 智能网联汽车底盘稳定控制技术 ... 040

		2.2.1 车辆动力学建模与分析	040
		2.2.2 动力学稳定性关键参数	042
		2.2.3 动态稳定控制系统	044
		2.2.4 电子稳定系统	046
	2.3	智能网联汽车底盘线控技术	049
		2.3.1 智能网联汽车底盘线控关键技术	049
		2.3.2 防抱死制动系统	050
		2.3.3 牵引力控制系统	052
		2.3.4 主动式舵角控制器	055

第3章 智能网联汽车线控转向系统 ... 057

- 3.1 线控转向系统概述 ... 058
  - 3.1.1 线控转向系统的性能优势 ... 059
  - 3.1.2 线控转向系统的结构与原理 ... 060
  - 3.1.3 线控转向系统的关键技术 ... 063
  - 3.1.4 线控转向系统的案例分析 ... 065
- 3.2 线控转向系统转向执行控制策略 ... 068
  - 3.2.1 线控转向系统转向控制方法 ... 068
  - 3.2.2 位移特性控制策略 ... 070
  - 3.2.3 转向力矩控制策略 ... 074
  - 3.2.4 路感模拟控制策略 ... 076
- 3.3 线控转向系统容错技术与故障诊断 ... 079
  - 3.3.1 线控转向系统的故障分析 ... 079
  - 3.3.2 线控转向系统容错技术 ... 082
  - 3.3.3 双转向电机冗余同步控制 ... 083
  - 3.3.4 路感反馈反作用力矩控制 ... 085
- 3.4 电动助力转向系统（EPS） ... 089
  - 3.4.1 EPS 系统的工作原理与分类 ... 089
  - 3.4.2 EPS 系统的基本结构 ... 092
  - 3.4.3 EPS 系统的关键技术 ... 094
  - 3.4.4 EPS 操纵稳定性评价指标 ... 096
  - 3.4.5 EPS 对汽车操纵稳定性的影响 ... 098

第4章 智能网联汽车线控制动系统 ... 101

- 4.1 线控制动系统概述 ... 102

　　　　4.1.1　线控制动系统的发展概况 102
　　　　4.1.2　线控制动系统的分类 104
　　　　4.1.3　线控制动系统的关键技术 108
　　4.2　电子液压制动（EHB）系统 110
　　　　4.2.1　EHB 系统的结构与原理 110
　　　　4.2.2　EHB 系统的优势与不足 113
　　　　4.2.3　国内外 EHB 技术的发展现状 114
　　　　4.2.4　One-Box 线控液压制动系统 115
　　　　4.2.5　I-EHB 系统原理与控制方法 117
　　4.3　电子机械制动（EMB）系统 120
　　　　4.3.1　EMB 系统的结构与原理 120
　　　　4.3.2　EMB 系统的优势与不足 121
　　　　4.3.3　EMB 系统的制动器及运行模式 122
　　　　4.3.4　EMB 系统执行机构的设计要求 124
　　　　4.3.5　EMB 系统执行机构的实现路径 125

第5章　智能网联汽车线控油门系统 129
　　5.1　线控油门系统概述 130
　　　　5.1.1　线控油门系统的概念与优势 130
　　　　5.1.2　线控油门系统的基本架构 131
　　　　5.1.3　线控油门系统的工作原理 134
　　　　5.1.4　线控油门踏板的结构与原理 137
　　5.2　电子节气门 141
　　　　5.2.1　电子节气门的发展历程 141
　　　　5.2.2　电子节气门的类型划分 143
　　　　5.2.3　电子节气门的结构 145
　　　　5.2.4　电子节气门的控制策略 149

第6章　智能网联汽车线控换挡系统 153
　　6.1　线控换挡系统概述 154
　　　　6.1.1　线控换挡系统的演变 154
　　　　6.1.2　线控换挡系统的结构与原理 155
　　　　6.1.3　换挡器的工作原理 158
　　　　6.1.4　线控换挡系统的案例分析 160
　　6.2　线控换挡系统的故障与诊断 164

		6.2.1	线控换挡系统的外部故障	164

      6.2.1　线控换挡系统的外部故障 164
      6.2.2　线控换挡系统的内部故障 165
      6.2.3　自动变速器故障诊断流程 167
      6.2.4　自动变速器常见故障维修 170
  6.3　线控换挡控制器硬件安全设计 171
      6.3.1　控制器硬件电路设计 171
      6.3.2　控制器硬件安全架构 172
      6.3.3　电源及监控模块设计 173
      6.3.4　电机驱动及安全机制 176
      6.3.5　硬件功能安全指标验证 178

第7章　智能网联汽车线控悬架系统 181

  7.1　线控悬架系统概述 182
      7.1.1　汽车悬架技术的发展历程 182
      7.1.2　汽车悬架结构及主要参数 185
      7.1.3　线控悬架系统的工作原理 186
      7.1.4　线控悬架系统的控制方式与优缺点 189
      7.1.5　线控悬架系统的发展前景 190
  7.2　空气悬架系统 191
      7.2.1　我国汽车空气悬架发展历程 192
      7.2.2　空气弹簧结构与参数化模型 194
      7.2.3　空气弹簧减振器的工作原理 196
      7.2.4　汽车空气悬架电子控制系统 198
  7.3　CDC 悬架系统及其相关系统 200
      7.3.1　CDC 悬架系统的工作原理及优势 200
      7.3.2　CDC 减振系统的构成及工作原理 201
      7.3.3　CDC 悬架控制系统的组成、工作原理及故障诊断 204
  7.4　MRC 电磁悬架系统 206
      7.4.1　MRC 电磁悬架技术简介 206
      7.4.2　MRC 电磁悬架系统的应用情况与工作原理 208

参考文献 211

第1章

智能网联汽车发展概况

1.1 智能网联汽车产业基本情况

1.1.1 智能网联汽车的概念与发展历程

随着社会经济的发展，在大部分发达国家和发展中国家，家庭汽车保有量都显著增长。在人口密度较大的城市中，交通拥堵问题日益凸显，成为阻碍城市发展的"顽疾"。另一方面，随着上路汽车增多，各种各样的交通安全问题和由排放带来的环境污染问题受到社会各界的广泛关注，亟待找到一种行之有效的解决方法。发展智能网联汽车即是解决方案之一。智能网联汽车能够提高出行效率、保障交通安全、减少环境污染，为智慧交通和智慧城市的建设起到重要推动作用。

简单来讲，智能网联汽车就是智能汽车与网络的结合体。智能汽车指的是可以与人、车、路等交通参与主体进行信息交换，可以对周围的环境进行感知，对车辆的行驶状态进行分析，对车辆在行驶过程中可能遇到的危险进行预测，让车辆按照规划的路线行驶，安全抵达目的地的一种新型车辆。智能汽车上述功能的实现建立在雷达和摄像头等智能传感器、控制器、执行器以及车载环境感知系统与信息终端的基础之上。

以智能汽车为基础的智能网联汽车自然也具备环境感知能力，可以通过车载信息终端与附近的车、路、人进行信息交换，以保证车辆行驶安全，最终实现无人驾驶。从整个智能交通系统来看，智能网联汽车是一个核心节点。

(1) 智能网联汽车的定义

因为智能网联汽车集成了多个行业的多项技术，可以从不同的角度切入进行理解，所以目前各国对智能网联汽车的定义不同，称呼也不同，但最终的发展目标是相同的，即都要成为可以实现完全无人驾驶的汽车。

① 从广义上讲，智能网联汽车是指以车辆为主体，通过对现代通信技术与网络技术进行集成应用，让车辆与外部节点实现信息共享与协同控制，从而保证车辆能够智能、安全、高效行驶的现代化的驾驶系统。

② 从狭义上讲，智能网联汽车是指以车载传感器、控制器、执行器等设备为依托，通过对新一代科技和通信技术进行集成应用，从而实时感知周围环境，并在采集信息的基础上做出智能化的决策和执行相应决策的新型汽车。与传统汽车相比，智能网联汽车虽然不依赖于人类驾驶员，但却能有效提升行驶的安全性和舒适性。

智能网联汽车包括智能化与网联化两个技术层面，其分级也可对应地按照智能化与网联化两个层面区分：基于智能化维度，可分为辅助驾驶、部分自动驾驶、有条件自动驾驶、高度自动驾驶、完全自动驾驶 5 个等级；基于网联化维度，可分为网联辅助信息交互、网联协同感知、网联协同决策与控制 3 个等级，如表 1-1、表 1-2 所示。

表1-1 基于智能化维度的智能网联汽车等级

智能化等级	等级名称	等级定义	控制者	监视者	失效应对者	典型工况
1	辅助驾驶（DA）	根据环境信息执行转向和加/减速中的一项操作，其他驾驶操作都由人完成	人与系统	人	人	车道内正常行驶，高速公路无车道干涉路段
2	部分自动驾驶（PA）	根据环境信息执行转向和加/减速操作，其他驾驶操作都由人完成	人与系统	人	人	高速公路及市区无车道干涉路段，换道、环岛绕行、拥堵跟车等工况
3	有条件自动驾驶（CA）	系统完成所有驾驶操作，根据系统请求，驾驶员需要提供适当的干预	系统	系统	人	高速公路正常行驶工况、市区无车道干涉路段
4	高度自动驾驶（HA）	系统完成所有驾驶操作，特定环境下系统会向驾驶员提出响应请求，驾驶员可以不对系统请求进行响应	系统	系统	系统	高速公路全部工况及市区有车道干涉路段
5	完全自动驾驶（FA）	系统可以完成驾驶员能够完成的所有道路环境下的操作，不需要驾驶员介入	系统	系统	系统	所有行驶工况

表1-2 基于网联化维度的智能网联汽车等级

网联化等级	等级名称	等级定义	控制者	典型信息	传输需求
1	网联辅助信息交互	基于车-路-后台通信，实现导航等辅助信息的获取，以及车辆行驶与驾驶员操作等数据的上传	人	地图、交通流量、交通标志、油耗、里程等信息	传输实时性、可靠性要求较低
2	网联协同感知	基于车-车、车-路、车-人、车-后台通信，实时获取车辆周边交通环境信息，与车载传感器的感知信息融合，作为车辆自动驾驶决策与控制系统的输入	人与系统	周边车辆/行人/非机动车位置、信号灯相位、道路预警等信息	传输实时性、可靠性要求较高

续表

网联化等级	等级名称	等级定义	控制者	典型信息	传输需求
3	网联协同决策与控制	基于车-车、车-路、车-人、车-后台通信,实时并可靠获取车辆周边交通环境信息及车辆决策信息,车-车、车-路等各交通参与者之间信息进行交互融合,形成车-车、车-路等各交通参与者之间的协同决策与控制	人与系统	车-车、车-路间的协同控制信息	传输实时性、可靠性要求最高

(2) 智能网联汽车的发展历程

我国智能网联汽车产业的发展历程主要包括先进驾驶辅助系统 (advanced driver assistance system,ADAS) 阶段、网联式驾驶辅助系统阶段、人机共驾阶段和高度自动/无人驾驶阶段,如图 1-1 所示。现阶段,先进驾驶辅助系统在我国的应用较为广泛,已经开始向产业化、规模化的方向发展,网联式驾驶辅助系统也已经过大规模测试,且正在逐步建设产业化发展的基础,人机共驾和高度自动/无人驾驶相关技术还不够成熟,智能网联汽车行业仍在进行相关研发和测试。

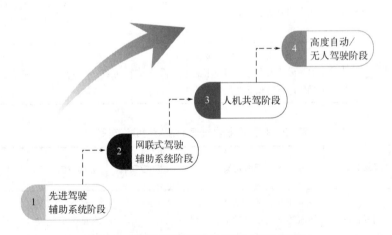

图 1-1　我国智能网联汽车的四个发展阶段

① 先进驾驶辅助系统阶段。ADAS 也称高级驾驶辅助系统,是一种可以利用车载传感系统感知环境信息并在此基础上为车辆驾驶员的驾驶工作提供辅助的系统,通常可根据主要作用划分成预警系统和控制系统两种类型。现阶段,ADAS 已实现规模化和产业化发展。

② 网联式驾驶辅助系统阶段。网联式驾驶辅助系统是一种融合了信息与通信技术（information and communications technology，ICT）的系统，能够广泛采集汽车、道路、行人等交通系统中各个参与者的各项相关信息，感知车辆周边环境，预测车辆未来运动，并在车辆驾驶员驾驶汽车的过程中发挥辅助作用。

③ 人机共驾阶段。人机共驾就是车辆的驾驶员与智能系统共同控制车辆完成驾驶任务。一般来说，共驾型智能汽车通常采用双环并行的控制结构，具有驾驶员和智能系统两个控制实体，且两个控制实体之间互相协调，交联耦合，在状态转移过程中相互制约，因此对系统的智能化程度的要求较高。人机共驾汽车中所使用的智能系统既要具备识别驾驶人意图的能力，充分确保人和系统在行车决策方面的一致性，也要提高汽车操纵能力，降低驾驶员的驾驶压力。

④ 高度自动/无人驾驶阶段。高度自动/无人驾驶汽车具有较高的自动化程度，能够在驾驶员不参与驾驶的情况下自动完成各项驾驶工作，并在确保车辆的安全性的前提下处理所有的驾驶工况。具体来说，当高度自动/无人驾驶汽车遇到无法处理的驾驶工况时，系统会向驾驶员发出接管提醒，并在驾驶员选择接管汽车时将控制权交给驾驶员，在驾驶员未选择接管汽车时自动采取靠边停车等保守处理方式，充分确保车辆的安全性。

就目前来看，谷歌等互联网技术公司试图通过对相关技术的研发直接实现高度自动/无人驾驶，力求避免汽车的发展经历人机共驾阶段，但汽车行业的各个企业仍旧在按部就班地推进智能网联汽车发展。

1.1.2 智能网联汽车产业链全景

智能网联汽车具有产业链长的特点，其发展离不开汽车制造商、零部件供应商、车载计算平台开发商和出行服务供应商等各个相关参与者的支持。具体来说，智能网联汽车产业链全景如图 1-2 所示。

（1）上游：自动驾驶 4 大核心系统

智能网联汽车中的自动驾驶系统主要由感知层、传输层、决策层和执行层四部分构成。

① 感知层。具有环境感知和信息采集功能，能够借助传感器、车载视觉系统、射频识别（radio frequency identification，RFID）等硬件系统感知和采集外部环境中的各项相关信息，进而从信息数据方面为汽车实现自动驾驶提供支持。

② 传输层。具有信号传输功能，能够利用各种通信设备和通信服务传输汽车实

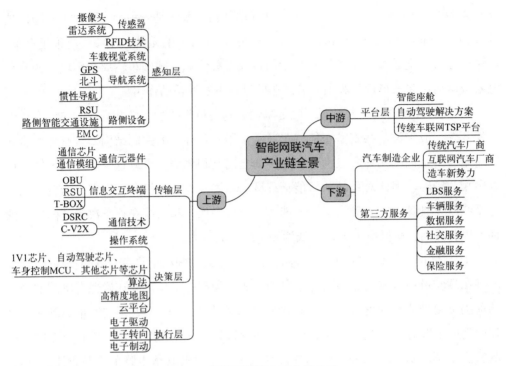

图1-2 智能网联汽车产业链全景

现自动驾驶所需的各类信号。传输层的增量大多来源于基于车用无线通信技术的通信芯片、通信模组和信息交互终端车载单元（on board unit，OBU）、路侧单元（road side unit，RSU）和远程信息处理器（telematics BOX，T-BOX）等具有通信功能的设备和设施。

③ 决策层。具有制定控制策略的功能，能够根据来源于感知层和传输层的相关信息构建相应的模型，并在芯片、算法、云平台、操作系统、高精度地图等元素的支持下利用该模型生成符合实际情况的控制策略。

④ 执行层。具有车辆控制功能，能够充分发挥线控技术的作用，根据决策层的指令控制车辆完成驱动、转向、制动等操作。一般来说，执行层主要由线控油门、线控换挡、线控制动、线控转向和线控悬架等多个部分构成。

（2）中游：平台层

平台层主要包括智能座舱、自动驾驶解决方案、传统车联网TSP（telematics service provider，汽车远程服务提供商）平台。

① 智能座舱。智能座舱是这个环节的主要增量空间，可以细分为四大模块，分别是全液晶仪表盘、汽车中控屏、抬头显示器和流媒体后视镜。其中，仪表盘和中

控屏属于硬件系统，抬头显示器和流媒体后视镜属于软件系统。软件系统融入了一些交互技术，例如语言交互、手势交互等，包括 ADAS 系统、底层嵌入式操作系统以及软件服务等。受智能座舱巨大增量空间的吸引，无论传统车企，还是新兴车企，以及其他涉足智能网联汽车产业链的企业都在该领域积极布局，相继推出了很多新产品。

② 汽车远程服务提供商。在车联网产业链中，TSP 处于核心环节，将上游的汽车、车载设备制造商与网络运营商和下游的内容提供商连接在一起，积累了海量的数据资源，支持多种商业模式，拥有巨大的潜在利润空间。

目前，TSP 市场主要由两类企业把控，一类是整车企业，另一类是互联网科技公司。随着苹果、谷歌、百度等互联网科技企业进入，原本由整车企业主导的生产模式将转变为以互联网科技公司为主导，市场竞争将变得越来越激烈。

（3）下游：整车厂和第三方服务商

经过上游与中游设计的产品与应用最终都要交由整车厂进行技术集成与生产组装，最终完成智能网联汽车的生产，同时还需要第三方服务商提供必要的服务支持，所以智能网联汽车产业链的下游就是整车厂商与第三方服务商。

具体来看，整车厂商、第三方服务商、科技企业与消费者的关系如图 1-3 所示。

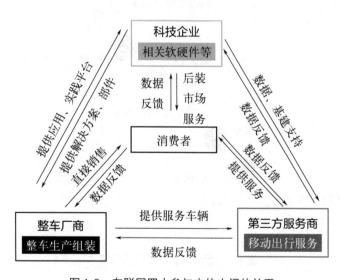

图 1-3　车联网四大参与主体之间的关系

目前，在智能网联汽车领域积极布局的整车厂商既有以比亚迪、一汽、广汽、北汽、长安、吉利、奇瑞等为代表的传统整车厂商，也有以蔚来、零跑、理想、小鹏等为代表的新兴车企。传统整车厂商由于技术储备不足，自主研发能力比较差，所以多选择收购或者与科技企业开展战略合作的方式在自动驾驶领域布局；新兴车企虽然入局比较晚，但因为掌握了技术优势，技术研发能力、自主创新能力比较强，所以凭借自主开发的新产品、新应用迅速占领了一部分市场。

1.1.3 智能网联汽车的关键技术

智能网联汽车具有自动化的特点，能够自动感知外部环境，并实现智能决策、协同控制等多种功能，降低驾驶员在行车过程中的参与度，提高自动驾驶车辆的安全性、高效性和舒适性，同时减少能源消耗。智能网联汽车中融合了网络技术和各类先进的通信技术，且配备了传感器、执行器和控制器等设备，能够利用车用无线通信技术来实现车辆与道路、行人和云端之间的信息交互和信息共享。

下面对智能网联汽车的关键技术进行简单分析，如图1-4所示。

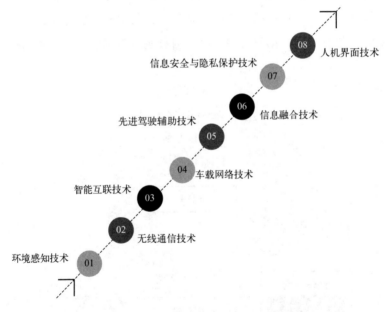

图1-4　智能网联汽车的关键技术

（1）环境感知技术

环境感知技术指的是利用多种类型的传感器，在复杂的路况环境下对车辆自身以及对行驶环境中与车辆运行相关的对象进行感知的技术，具体如表1-3所示。

表1-3 环境感知技术及其功能

环境感知技术	具体功能
道路感知	识别道路类型与道路标线，判断道路的通行状况，检测车辆是否偏离了行驶轨迹等
行人感知	判断车辆前方是否有行人，尤其是被障碍物遮挡的行人
交通信号感知	识别交叉路口的信号灯，以便安全通过路口
交通标识感知	识别道路两侧的交通标识，提醒驾驶员按规定行驶
交通状况感知	感知道路的通行状况，如是否发生交通事故、是否发生交通拥堵等，及时调整行驶路线，提高通行效率
周围车辆感知	对车辆前后方以及侧方的车辆进行检测，准确识别被障碍物遮挡的车辆，以免发生交通事故
车辆自身状态感知	感知车辆的实时位置、行驶状态、行驶速度与行驶方向

（2）无线通信技术

智能网联汽车的无线通信技术可以分为两类：一类是长距离无线通信技术，另一类是短距离无线通信技术。

其中，长距离无线通信技术主要是以 5G 为代表的技术；短距离无线通信技术主要指蓝牙、Wi-Fi、DSRC（dedicated short range Communication，专用短程通信技术）。在长距离无线通信技术领域，5G 与自动驾驶的融合是未来的发展重点；在短距离无线通信技术领域，可以在特定区域识别高速运动物体，开展 V2V、V2I 双向通信，实时传输数据的 DSRC 是未来的发展重点。

（3）智能互联技术

在车辆的实际运行过程中，有时会出现车辆之间难以直接通信的情况，比如车辆被障碍物遮挡或者车辆之间的距离较远等。在类似的情况下，车辆可以通过路侧单元创建的车载自组织网络进行通信。在这种通信模式下，处在这个车载自组织网络中的车辆可以相互传递各种信息，包括车辆位置、行驶速度、行驶方向以及车载传感器收集到的其他信息，从而实现基于通信的纵向车辆控制以及交通信息的发布、交通安全的预警等功能。

（4）车载网络技术

目前，车载网络技术主要包括 CAN（controller area network，控制器局域网络）、LIN（local interconnect network，局域互联网络）和 MOST（media oriented system transport，多媒体传输系统）总线等，网络带宽普遍比较窄，网络传输速率普遍比较小，无法满足 ADAS、360°全景泊车系统以及高清视频播放等应用的需求。

为了解决这一问题，研究人员尝试引入以太网，借助星形连接架构让每一个设备或者每一条链路都可以享受 100Mb 的带宽，将网络传输速率提升到万兆级。此外，以太网还具有兼容、开放的特性，支持车载系统接入更多应用。

（5）先进驾驶辅助技术

在智能网联汽车的各项技术中，先进驾驶辅助技术是一项关键技术，其成熟度在很大程度上决定了智能网联汽车的技术水平。具体来看，先进驾驶辅助技术主要利用环境感知技术与自组织网络技术感知周边的道路、车辆、行人等信息，识别交通信号与交通标识等，并对感知到的信息进行深入挖掘与处理，将处理结果传输给执行机构，从而保证车辆行驶的安全和高效。

（6）信息融合技术

信息融合技术指的是基于特定的准则对相关不同来源的信息进行采集、处理、分析，最终得到完整、准确且具有价值的信息。智能网联汽车在行驶过程中需要采集大量不同种类的信息，只有借助信息融合技术才能对这些信息进行快速处理，满足及时决策、安全行驶等需求。

（7）信息安全与隐私保护技术

智能网联汽车需要接入网络，利用无线通信技术传输信息，虽然增进了车与车、车与路、车与人之间的交互，但也面临着严重的安全问题。在实际应用过程中，车载传感器收集到的信息需要随时随地通过网络进行传输，如果网络防护等级比较低，则很容易受到攻击，导致网络连接中断或者信息被窃取，导致车主的隐私信息泄露，甚至还会威胁到车辆的行驶安全。因此，智能网联汽车必须利用先进技术加强信息安全与隐私保护。

（8）人机界面技术

人机界面技术即个体与终端进行交互的技术，具有代表性的有触摸屏技术、手势识别和语音识别等技术，这是目前奔驰、宝马、奥迪、福特等全球领先的汽车制造商重点研究的技术之一，在未来的汽车市场有着广阔的应用空间。从各大汽车制造商的研究实践来看，不同国家的汽车制造商对人机界面技术的研究重点各不相同，例如美国、日本的汽车制造商比较关注远程控制技术，德国的汽车制造商比较关注车辆的中央控制系统等。

对于智能网联汽车产品而言，其首要功能是提升驾驶安全性、改善用户体验，其次是提升用户驾驶过程中的便捷性以及增加行驶的乐趣，因此其人机界面需要具备车辆控制、车辆导航、信息娱乐等多种功能，让用户根据需要获取与驾驶相关的各种信息，获得尽可能理想的驾驶体验。可以预见的是，智能网联汽车未来需要加强与智能手机之间的关联,以便于不同的用户根据自己的习惯、喜好和需要等,采取不同的输入方式、执行不同的操作。

1.1.4 5G 赋能智能网联汽车发展

5G 作为新一代移动通信技术,作为智能化时代的一项基础设施,受到了广泛关注。近几年,随着 5G 网络实现规模化商用,各行各业都在思考如何利用 5G 赋能行业实现数字化、智能化转型与升级,汽车行业也是如此。对于国内外的车企来说,如何将 5G 技术与智能车联网技术相结合,带给用户全新的驾乘体验,已经成为一个核心话题。

目前,各国车企正在探索的一个方案就是利用 5G 技术实现人车互联、车车互联、车路互联以及车与云端服务平台的互联,以此为基础打造一套智能综合交通服务体系。下面对 5G 技术应用于汽车行业,给智能网联汽车的发展所带来的影响进行具体分析。

随着 5G 技术快速发展,5G 网络的覆盖范围越来越广,在 5G 网络的支持下,智能网联汽车的感知能力、交互能力与决策能力将得到大幅提升,有可能取代人类驾驶员自动执行各种操作,实现与其他车辆的互联与协同,通过这种远程协作实现长途驾驶,为高等级的自动驾驶的实现奠定良好的基础。

(1) 基于 5G 的车联网通信架构

随着 5G 技术与相关应用不断发展,其作为基础设施的支撑能力不断提升;同时,终端用户的需求不断改变,希望汽车能够搭载更多应用,满足娱乐、导航、语音交流、服务搜寻、视频通信等多元化的需求。在这种情况下,车联网的通信技术架构发生了一定的改变,可以与更加多元化的系统要素相融合,其通信架构如图 1-5 所示。

随着卫星通信、移动通信、无线局域网通信等技术在车联网领域实现广泛应用,车联网领域有望形成一个大规模的异构网络。在这个网络环境中,各节点的信息将实现高度互联与快速流通,各个车载单元将通过多模网络连接在一起,实现信息交互与融合,从而实现相关不同渠道的互联互通。

(2) 5G 智能网联无人驾驶技术

2019 年 4 月 23 日,在湘湖 5G 智能网联无人驾驶发布会上,中国移动公司与东风汽车公司联合开发的 L4 级自动驾驶汽车 Sharing-VAN 正式亮相。从外形上看,这辆车与常见的汽车有很大不同。Sharing-VAN 没有前端、没有车尾,车内也没有配置

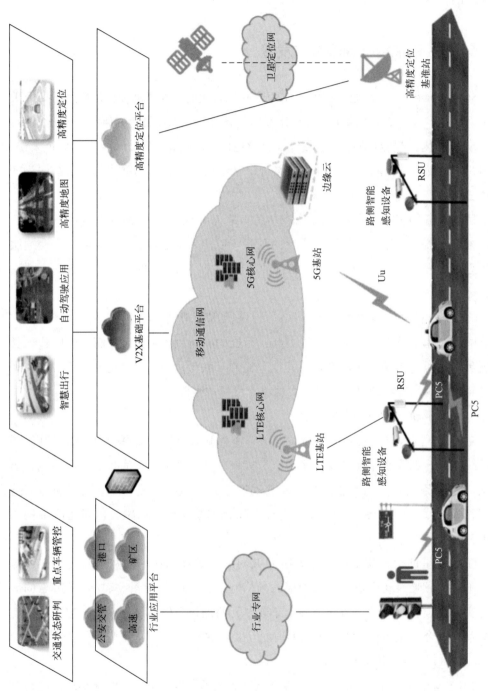

图 1-5 基于 5G 的车联网通信架构

方向盘、驾驶座椅,甚至没有安装电子油门传感装置和电子紧急制动系统。但就是这样一辆"怪异"的小车,以近30km/h的速度在景区开放道路上实现了自动驾驶。

从结构上看,这辆车以中国移动公司的5G技术为依托,利用5G网络大带宽、低时延、高可靠性等优点,辅之以边缘计算技术,形成了"端—边缘—云"三位一体、相互协同的分级立体指挥交通及自动驾驶架构,实现了车与车、车与路、车与人、车与云端实时的信息交互,具备智能边缘感知、智能决策、高精度实时定位与导航、协同控制等功能,可以为自动驾驶、车辆的智能调度、交通协同控制等提供智能交通信息交互服务,为车辆的自动驾驶提供辅助。

在功能方面,Sharing-VAN不仅可以实现自动驾驶,还可以在遇到紧急情况时根据实际的驾驶场景要求自动报警,一旦遇到系统无法处理的情况,可以立即被远程接管,从而保证行驶安全。此外,Sharing-VAN还解决了景区内道路视频监控盲区问题,极大地拓展了车辆的感知范围与感知能力,提高了车辆对外界突发情况的反应能力,为车辆安全管理与智慧调度提供了有效支持。

1.2 全球智能网联汽车战略布局

1.2.1 国外智能网联汽车发展战略

以美国、德国、日本等国家为代表的发达国家,由于其汽车产业起步时间早、发展速度快,汽车生产制造水平一直走在世界前列。随着人工智能、云计算、大数据等技术兴起,美国、日本、欧洲等国家和地区都制定了相关发展战略,并出台政策,加快产业布局,鼓励发展智能网联汽车,促进汽车产业智能化、数字化升级与转型。

(1)美国智能网联汽车发展战略

汽车产业作为美国的支柱性产业之一,历来受到重视。美国交通部从2010年后,发布了一系列政策文件,以促进汽车产业的智能化与网联化,推动交通产业发展。美国智能网联汽车战略规划如表1-4所示。

表1-4 美国智能网联汽车战略规划

时间	政府部门	政策文件	具体内容
2015年	美国交通部	《美国智能交通系统(ITS)战略计划2015～2019年》	将汽车的智能化和网联化作为美国ITS(intelligent transport system,智能交通系统)战略的核心发展目标

续表

时间	政府部门	政策文件	具体内容
2016 年	美国交通部和美国国家公路交通安全管理局	《联邦自动驾驶汽车政策指南》	第一次将自动驾驶的安全监管纳入美国联邦法律体系
2017 年	美国交通部	《自动驾驶系统 2.0：安全展望》	通过对美国各州现有交通法律法规的重新评估，扫清了自动驾驶技术在测试和部署方面存在的法律障碍
2018 年	美国交通部	《自动驾驶汽车 3.0：准备迎接未来交通》	推动自动驾驶技术与地面交通运输模式的安全融合
2020 年	美国交通部	《美国智能交通系统（ITS）战略规划 2020～2025 年》	阐述了未来五年美国智能交通发展的重点任务，强调自动驾驶、车联网已从研究阶段进入加速部署和应用阶段

在一系列利好政策和新兴技术的驱动下，美国智能交通产业蓬勃发展。美国凭借其技术优势，努力实现车载操作系统、车载智能芯片、车联网平台等核心技术的应用落地，并将其作为突破口，实现自动驾驶汽车产业链的完善与升级；同时与加拿大等国家合作，构建可持续发展的智能网联汽车产业生态体系。为了响应相关技术、市场的需求，一批创新能力强、有技术、融资活跃的企业纷纷涌现，进一步促进了智能汽车产业的发展。

（2）欧洲智能网联汽车发展战略

欧洲也是汽车制造的重要地区之一。德国、英国等老牌工业国家有着雄厚的工业基础和技术实力，瑞典、芬兰、瑞士等国家的智能技术水平也名列前茅，与法国、意大利等国家一起，共同推动智能交通、智能网联汽车的发展，初步构建了欧洲国家协同发展的智能网联汽车生态体系。通过合作，能够集聚全球领先的汽车企业的研发技术、基础设施资源和智能应用、高技术人才资源，充分发挥各国资源优势，促进全欧洲范围内的交通产业发展。欧洲智能网联汽车战略规划如表1-5所示。

表1-5 欧洲智能网联汽车战略规划

时间	政府部门	政策文件	具体内容
2010 年	欧盟委员会	《ITS 发展行动计划》	制订欧盟范围内第一个协调部署 ITS 的法律基础性文件，确立欧盟 2020 智能交通系统三大目标为交通可持续、竞争力和节能减排
2012 年	欧盟委员会	《欧盟 2020 战略》	鼓励发展智能化交通管理，推动以知识和创新为主的智能型经济发展

续表

时间	政府部门	政策文件	具体内容
2015年	欧盟委员会	《GEAR2030战略》	大力推进自动化和网联化驾驶的发展，并促进相关领域的合作
2016年	欧盟委员会	《合作式智能交通系统战略》	计划于2019年在欧盟成员国范围内部署并实现智能交通系统（C-ITS）、V2V、V2I等网联式信息服务
2018年	欧盟委员会	《通往自动化出行之路：欧盟未来出行战略》	计划在2020年实现高速公路上的自动驾驶，在2030年普及自动驾驶

（3）日本智能网联汽车发展战略

一方面，日本是最早进入发达国家行列的亚洲国家，汽车产业在其社会经济发展中占有重要地位；另一方面，为进一步降低交通事故发生率，解决高龄者出行不便等社会问题，日本政府高度关注自动驾驶汽车、智能交通的发展，并出台相关政策予以推动。日本智能网联汽车战略规划如表1-6所示。

表1-6 日本智能网联汽车战略规划

时间	政府部门	政策文件	具体内容
2013年	日本内阁	《世界领先IT国家创造宣言》	提出"车辆自主式系统与车-车、车-路信息交互系统的组合以及在2020年开始自动驾驶试用"的目标
2013年	日本内阁	《ITS 2014—2030技术发展路线图》	计划在2020年建成世界最安全道路，在2030年建成世界最安全和最畅通道路
2014年	日本内阁	《SIP（战略性创新创造项目）自动驾驶系统研究开发计划》	制定4个方向共计32个研究课题，推进基础技术以及协同式系统相关领域的开发与实用化
2017年	日本内阁	《2017官民ITS构想及路线图》	该路线图明确规定了自动驾驶的推进时间表，即要在2020年左右在日本的各个高速公路上实现货车编队自动行驶，且必须是2级或3级以上的自动驾驶；同时在特定区域内实现自动驾驶配送服务，且必须为4级自动驾驶
2018年	日本内阁	《自动驾驶相关制度整备大纲》	明确划分了自动驾驶汽车各方面的责任，即车辆所有者应像对待普通汽车一样对待自动驾驶汽车。一旦自动驾驶汽车出现事故，车主要主动承担赔偿责任；而自动驾驶汽车因黑客入侵导致的损失则由政府负责赔偿
2018年	日本国土交通省	《自动驾驶汽车安全技术指南》	明确规定了3级或4级自动驾驶汽车必须满足的10大安全标准

在自动驾驶项目的执行与实践过程中，日本政府会在一定时期发布自动驾驶战略指导性文件《官民 ITS 构想及路线图》。在此文件中，会对相关政策、法规进行解读，并更新项目下一阶段的要求与规划，以此切实推动自动驾驶技术的应用落地。

目前，中国、日本和韩国等国家协同发展的智能网联汽车生态体系已初步形成。日本依托于其零部件供应资源和较为先进的整车制造技术，并充分发挥交通基础设施条件优势，实现了智能网联汽车的较快发展，其发展经验为其他国家提供了借鉴与示范作用。

1.2.2 我国智能网联汽车政策体系

在中国，构建新型交通运输体系，促进智慧交通建设，是我国交通产业发展的重要战略目标之一。近年来，我国智能网联汽车产业飞速发展，目前正处于技术快速演进、产业加速布局的关键阶段。我国国家发展改革委、交通运输部、工业和信息化部、科技部等部门努力完善政策环境，制定相关标准及法规，对各行业、各部门做出规划部署，以推动智能网联汽车高质量发展。

（1）政策支持

早在 2011 年 9 月，科技部就印发了《关于 863 计划现代交通技术领域智能车路协同关键技术研究主题项目立项通知》。经过研究，在"十二五"期间，车路协同、智能网联汽车等关键技术项目已经取得了初步成果，并逐步向应用落地转化。2015年 5 月，国务院印发部署全面推进实施制造强国的战略文件《中国制造 2025》，进一步明确了智能交通是未来发展的关键领域之一，要促进各项关键技术转化及生产体系和配套体系建设。

2016 年 5 月，国家发展改革委、交通运输部联合发布《推进"互联网+"便捷交通 促进智能交通发展的实施方案》，制定了智能交通发展的总体框架和实施方案。2017 年 4 月，工业和信息化部、国家发展改革委、科技部联合发布《汽车产业中长期发展规划》，基于我国汽车产业的发展现状，制定了规划发展目标和任务，要求推进智能网联汽车技术创新，完善测试评价体系、法律法规体系建设等。

2020 年 2 月，国家发展改革委、科技部、交通运输部等多个部委联合发布《智能汽车创新发展战略》，从技术、产业生态、安全体系、监管体系等方面为智能汽车产业的发展做出总部署；同年 12 月，交通运输部发布《关于促进道路交通自动驾驶技术发展和应用的指导意见》，提出自动驾驶的基础性、关键性标准，促进深化试点示范工作，推动自动驾驶技术产业化落地。

2022年1月，国务院发布《"十四五"现代综合交通运输体系发展规划》，进一步指出，要"推动车联网部署和应用，支持构建'车—路—交通管理'一体化协作的智能管理系统"。

（2）标准体系

从大环境的角度看，我国智能交通、智能网联汽车发展有政策支持；从行业、产业链的角度看，相关技术标准、流程规范标准等也逐步建立和完善，以确保从研发到应用深化等各环节工作高效、有序地进行。

2014年，工业和信息化部委托中国汽车工程学会、中国汽车工业协会、全国汽车标准化技术委员会（以下简称汽标委）分工展开对智能网联汽车总体规划的研究。汽标委通过与汽车、电子、通信、交通等领域的企业、科研机构等单位合作，于2016年推出了《智能网联汽车标准体系建设方案》（第1版），奠定了智能网联汽车标准体系的基础框架，明确了体系建设的目标和原则。

2018年，工业和信息化部发布《国家车联网产业标准体系建设指南（智能网联汽车）》，主要从智能网联汽车通用规范、核心技术与关键产品应用等方面推动了车联网产业标准体系架构的建设。

2020年4月，工业和信息化部发布《2020年智能网联汽车标准化工作要点》，指出要建立智能网联汽车标准制定及实施评估机制，进一步推动标准体系与产业需求对接协同、与技术发展相互支撑、与国家标准和行业标准等标准协调配套。2022年9月，工业和信息化部发布《国家车联网产业标准体系建设指南（智能网联汽车）（2022年版）》（征求意见稿），对相关关键技术和产业生态的相互关系把握更加清晰准确，进一步完善了车联网产业标准体系建设。

（3）法律法规

智能网联汽车产业发展不仅需要国家政策、技术、产业资源的支持和相关国家标准的推动引导，还需要市场规范、法律制度等监督管理体系同步跟进，创造适合智能网联汽车产业发展的法律法规环境。为了适应智能交通发展新趋势，北京、上海等试点城市相继出台了智能网联汽车道路测试的相关管理办法。

2017年12月，《北京市自动驾驶车辆道路测试管理实施细则（试行）》首先发布，此后经三次修订，针对测试主体、驾驶责任主体、测试要求与申请流程等方面作出规范。2018年3月，上海市发布《上海市智能网联汽车道路测试管理办法（试行）》。

2018年4月，工业和信息化部、公安部、交通运输部联合发布《智能网联汽车道路测试管理规范（试行）》，进一步明确了测试申请与审核、交通违法及事故处理等方面的要求，并于 2021 年 7 月修订并发布了《智能网联汽车道路测试与示范应用管理规范（试行）》，标志着智能网联汽车进一步深化应用。

2021 年 3 月，深圳就智能网联汽车管理条例公开征求意见，并于 2022 年 6 月发布《深圳经济特区智能网联汽车管理条例》。2022 年 4 月，在《重庆市智能网联汽车道路测试与应用管理试行办法》的基础上，由重庆市规划和自然资源局制定的《重庆市智能网联汽车高精度地图管理试行办法》正式实施，为智能网联汽车导航地图准确性和导航路径安全性提供保障。其他试点城市如天津、保定、广州、杭州等，也相继出台管理文件，积极支持智能网联汽车道路测试工作。

1.2.3 我国智能网联汽车发展路径

在新一轮科技革命的推动下，智能网联汽车快速发展，并逐渐成为人们社会生活中的重要工具。智能网联汽车的应用既能方便人们出行，也能有效节约能源，减少污染物排放，缓解交通堵塞问题，提高交通的高效性和安全性，并为汽车、通信、服务、电子和社会管理等多个行业实现协同发展提供驱动力，推动汽车产业实现转型升级。

（1）技术研发

智能网联汽车是智能感知、自动控制、卫星定位导航系统、5G 网络通信等多种技术的集成应用，简单地说，是车联网与智能自动驾驶的有机结合。自动驾驶系统包含了感知预测、决策规划和控制执行等模块。感知系统是自动驾驶汽车采集与分析路况、环境信息的重要基础，可以分为自主环境感知和协同环境感知两方面。自主环境感知是通过摄像头、毫米波雷达和视觉传感器等多种感知设备了解周围障碍物和道路信息，协同环境感知则是依托于定位导航系统辅助车辆驾驶场景理解。

控制系统综合感知器采集到的信息和交互数据来进行预测、判断，从而作出决策并执行相应操作。在决策环节中，控制系统的算法极为重要，直接关系到智能网联汽车的安全性问题。

车联网是控制系统做出正确分析、判断和决策的重要保障，而数据传输的及时性、稳定性、安全性是车联网通信的基本要求。车辆在高速移动的过程中，需要对相关路况环境数据进行迅速处理和判断，这就要求稳定的传输信号、极低的数据传输时延和迅速处理数据的能力。另一方面，高精度的数字地图也是保障车辆行驶路径正确、安全的重要因素。目前，以激光雷达感知技术、车联网数据交互、高精度的定位导航等为主要研发方向，通过推进关键技术攻关，促进智能网联汽车应用落地。

（2）测试示范

为促进智能交通发展，尽快实现智能网联汽车商业应用落地，我国政府出台相关政策、制定法律法规，积极推动智能网联汽车的评价与测试示范工作。2016年6月，在上海建成的国内首个智能网联汽车试点示范区（封闭测试区）正式投入运营。

之后，工业和信息化部与北京、河北、湖北、重庆等地方政府签署了"基于宽带移动互联网智能汽车与智慧交通应用示范"合作框架协议，通过利用不同地区地理气候环境的差异性特点和当地产业集群优势，进行试点布局，以丰富智能网联汽车评价测试经验。另一方面，在江苏无锡建立国家级智能交通综合测试基地，测试场以车辆运行安全为出发点，提供各种不同的封闭式测试环境。

在成都，中德智能网联汽车四川试验基地于2021年初步建成，有助于推动落实中德两国在智能网联汽车领域的合作与技术交流。在工业和信息化部推动下，初步形成了较为完善的网联汽车测试示范区分布格局。

同时，交通运输部也积极响应智能交通的发展要求，目前已分三批在全国认定了七个自动驾驶封闭场地测试基地（部分与工业和信息化部联合认定），分别在北京、西安、重庆、上海、泰兴、襄阳等地，如长安大学车联网与智能汽车测试技术研究院、重庆车辆检测研究院试验场等。此外，由国家市场监督管理总局批准，在重庆成立了国家智能网联汽车质量检验检测中心，在湖南成立了国家智能网联汽车质量监督检验中心。

（3）产业布局

在智能网联汽车产业链中，根据不同分工大致可以分为上游、中游、下游。

上游主要涉及智能网联汽车的关键技术层，或者说基础技术层，如智能感知、分析决策、执行操作等核心系统和数据交互系统等。

- 智能感知系统主要负责动态环境信息采集；
- 分析决策系统主要依托于相关算法模型处理数据，从而做出决策；
- 执行操作系统根据决策系统的指令，改变车辆运行状态；
- 数据交互系统则贯穿于整个运行过程中，是各环节数据传递的重要通道。

产业链中游占据整个产业链主体，主要涉及整车制造、智能驾驶舱配置、非核心层的自动驾驶解决方案等。其中，整车制造主要涵盖了设计和生产制造两个方面,随着智能化、自动化生产技术革新,整车制造企业逐渐向着科技企业纵深发展;智能驾驶舱配置的主要目标是为乘客提供良好舒适的驾乘体验;自动驾驶解决方案则涉及智能导航、故障预警与自动修复等多个方面。

至于产业链下游,主要包括销售、物流和汽车保险、租赁、维修养护等后市场服务,是与用户联系最为紧密的一环。

1.2.4 我国智能网联汽车产业发展建议

随着我国汽车工业的进步,汽车行业出现了电动化、智能化、网联化及共享化(简称"四化")四大新趋势,未来的汽车产业将是人工智能、大数据、云计算、物联网等新技术与传统汽车产业的深度融合,整个产业生态体系也将被重塑。在中国实施"制造强国"等战略规划的背景下,"四化"趋势必然成为中国汽车产业发展的重要机遇。

(1)跨行业协同机制需要不断加强

智能网联汽车产业涉及交通、汽车、电子、互联网和通信等多个领域,跨领域、跨行业的特点突出。因此,各行业、各领域的专家、机构或单位协同合作是促进智能网联汽车产业发展的必然要求。这一过程之中,政府能够发挥主导作用,如国家发展改革委、工业和信息化部、交通运输部和公安部联合推进相关政策、制度、法规、标准的制定与完善,为各领域专家学者、研究机构、技术企业或风投企业的合作创造平台和条件,充分发挥各行业"产学研用"创新资源优势,构建"技术、资本和产业"三位一体的"金三角",以技术创新驱动智能网联汽车产业发展。

(2)产业关键标准法规需要快速健全

智能网联汽车集成了云计算、大数据、智能感知等各个领域的兴新技术,产业链体系也随着新技术的运用而不断更新,现有的标准或法律规范可能不再适用。因此,需要有关机构、部门基于产业新的发展态势,积极建设完善标准化体系。例如,针对通信协议接入、安全性指标、测试评价体系等方面制定统一标准,并注意是否有必要与国际标准对接。另外,还要加强法律法规建设,如修订《中华人民共和国道路交通安全法》及相关实施条例等,完善法律责任认定方法等。通过制定符合国情的行业标准和法规,发挥对智能网联汽车产业的正向引导和规范作用。

(3)产业核心技术研发需要加快推进

目前,我国汽车产业,特别是在研发、制造方面,还未能实现完全独立自主生产，在整车制造及一些关键零部件上，缺乏具有自主知识产权的核心技术。另外，智能网联汽车所运用到的视觉感知技术、激光雷达传感或毫米波雷达传感技术、芯片技术及算法技术等关键技术还落后于世界先进水平。因此，需要政府、企业、大学等单位合力，努力推动汽车工业关键技术的进步，如完善相关技术引进政策、鼓励产学研合作进行联合研发、加强知识产权法治建设等，扶持和鼓励企业自主技术创新，推动实现智能网联汽车全产业链自主生产。

（4）产业测试示范应用需要先行一步

我国智能网联汽车技术迅速发展，目前已经由技术测试验证阶段进入规模化路上测试示范及商业化探索阶段，因此，需要完善相关测试评价标准，促进跨领域、跨部门的测试评价机构合作，建立并完善智能网联汽车测试评价体系，满足企业多场景的测试示范需求。具体措施有：建立全国智能网联汽车测试示范经验共享数据平台，构建3D模型进行仿真模拟测试，建立零部件级、系统级测试评价系统，进行实车道路测试等。同时，可以参考相关国际标准，建立国家级智能汽车测试示范中心，促进三方评价机构与企业合作，完善智能汽车安全评价体系。

1.3 基于车路协同的自动驾驶应用

1.3.1 车路协同技术简介

车路协同系统（cooperative vehicle infrastructure system，CVIS）以5G等新一代互联网技术为基础，通过对先进的无线通信技术进行集成应用，实现全时空动态交通信息采集与融合，促使车辆与车辆、车辆与道路实时进行信息交互，实现人、车、路的协同控制与管理，创建一个安全、高效、低碳、节能的道路交通系统，切实保证交通安全，提高道路通行效率。

在传统的管理观念中，车与路是两个独立的系统，而且都比较注重功能性。车路协同可以改变这一现状，在解决道路拥堵、道路通行效率低等道路问题，提高道路通行效率，保证行车安全，助力智慧交通建设方面发挥着重要作用。

车路协同的实现有一个非常重要的基础，就是运载工具的智能化。为了提高车辆的自动驾驶水平，研究人员尝试将先进的传感技术、通信技术、控制技术等技术引入该领域，已经可以实现有条件的自动驾驶。但因为自动驾驶的传感器价格比较高,可靠性、稳定性有待提升,所以短时间内很难实现完全自动驾驶。

车路协同通过安装路侧智能感知设备,打造智能公路,可以提高车辆对行驶环境的感知能力与适应能力,进而提高车辆的自动驾驶水平。但目前,公路现有的感知设备性能比较差,亟须实现智能化迭代与升级,否则无法对智能网联汽车的发展提供强有力的支持。因此,目前要实现车路协同,必须加强智能道路建设,提高道路的智能感知能力。

(1)车路协同系统的构成与功能

在智能交通领域,车路协同已经成为一个新的发展方向,成为实现完全自动驾驶的重要辅助手段。具体来看,车路协同系统主要由三部分构成,分别是智能路侧系统、智能车载系统、云平台,其具体功能如表1-7所示。

表1-7 车路协同系统的构成与功能

系统构成	具体功能
智能车载系统	负责采集车辆的状态信息,感知车辆行驶过程中的环境信息
智能路侧系统	负责采集道路上的车流量、车辆行驶速度等交通流信息,以及路面状况、道路异常情况等道路信息
云平台	负责实现路侧设备与车载设备的互联互通,让它们之间开展信息交互,为车路协同的实现提供强有力的支持

在自动驾驶汽车实现最高级别的完全自动驾驶之前,需要借助车路协同来保证行驶安全,满足人们对乘车舒适度以及其他乘车体验的要求。

在道路方面,车路协同要求在路侧安装智能感知设备,对公路基础设施进行智能化、数字化改造,辅助交通系统对道路运行情况进行实时监测,实时采集道路、车辆、行人的各种信息,为人、车、路协同提供充足的数据支持。

在云平台方面,从本质上看,车路协同就是要开展信息交互,而信息交互必须借助云平台来实现。云平台可以对车载系统以及路侧系统采集到的信息进行快速处理,然后利用先进的通信技术将处理之后的信息发送给附近的交通参与者,引导交通参与者做出合理的交通行为,同时还要将相关信息发送给交通管控中心,辅助交通管控中心制定科学的交通管理策略。

(2)车路协同技术的发展现状

随着世界各国机动车保有量不断增长,城市现有道路的通行压力也在持续增长,交通拥堵、环境污染、交通事故频发、停车难等问题愈发严重,给经济、社会的稳定发展造成了严重制约。为了解决交通系统现存的各种问题,带给人们更高效、更安全、更便捷的出行体验，各国政府探索了很多方案，其中基于 5G、人工智能、物联网等新一代信息技术的车路协同是目前备受关注的一种方案。

自车路协同的概念提出之后，美国、日本、欧盟、中国等国家和组织纷纷出台了相关的研究计划。其中，美国和欧盟从 2003 年开始布局车路协同，旨在提高交通系统的安全性与通行效率，实现节能减排。美国发布了 IntelliDrive 项目，致力于开发车路协同的安全辅助应用，辅助驾驶人员制定更安全的驾驶决策；研发实时交通管理系统，对道路上的车辆进行调度，提高通行效率；开发"下一代"电子支付系统，提高停车收费的效率等。

欧盟发布 eSafety 道路交通安全计划，尝试利用通信技术打通道路、车辆、卫星、计算机系统，将原本独立的系统转变为车 -X 合作系统，实现车、路、人全方位的信息交互，从而提高道路通行效率，保证行车安全。

2007 年，日本推出 Smart Way 建设计划，进一步增强路侧基础设施的感知能力，利用各种先进的通信系统与车载系统实现车路协同，提高道路安全性，带给出行者更加安全、便捷的出行体验。

我国在车路协同领域提出了 I-VICS（intelligent vehicle infrastructure cooperative systems，智能车路协同系统）建设计划。从 2011 年开始，以清华大学为代表的科研团队在国家"863 计划"的支持下对车路协同的关键技术进行一系列探索，最终形成了十多个 I-VICS 系统典型的应用场景。2020 年，国内首条支持高级别自动驾驶车路协同的高速公路路段正式通车，该路段由百度 Apollo 项目支持建设，使用的是百度 Apollo 车路协同方案，能够支持 L4 级别自动驾驶，为车路协同的落地做出了有益示范。

总体来看，在车路协同技术研发领域，各国均取得了不错的成绩，而且部分技术已经实现了落地应用。在场景测试方面，一些国家建立了专门的示范区，相关的测试工作也在有序进行。但需要注意的是，目前关于车路协同发展阶段的划分，全球还没有形成统一的标准，而这个标准的形成对车路协同的研究与推进非常重要。所以，车路协同想要走出示范区，在现实的场景中推广应用还需要很长一段时间。

1.3.2 车路协同的四个发展阶段

车路协同大致可以分为四个发展阶段，依次是无协同、初级协同、中级协同、高级协同，具体分析如表 1-8 所示。

表1-8　车路协同各发展阶段对比

发展阶段		车端信息交互	路端信息交互	车路协同程度	是否需要人类驾驶员干预
无协同		无	无	无	是
初级协同		部分	部分	部分	是
中级协同	车为主	完全	部分	部分	是
	路为主	部分	完全	部分	是
高级协同		完全	完全	完全	否

（1）无协同阶段

在这个阶段，车与路不主动进行信息交互，驾驶员根据路侧设施设备（主要是交通信号灯、交通标志与标线等）释放的信息采取相应的驾驶行为，保证驾驶安全，主动避开交通拥堵路段或者事故发生路段，减少道路通行所用时间，通过自主分配动力减少能耗，实现节能减排。虽然这个阶段没有使用任何智能路侧设备，但交通信号灯、交通标志与标线等传统路侧设备对交通系统的调节作用在一定程度上证明了路侧设备对于车路协同的重要性，明确了建设车路协同系统的关键。

（2）初级协同阶段

在初级协同阶段，通过在车辆以及路侧安装车载设备、智能信号控制器、毫米波雷达、激光雷达、高清摄像头等设备，辅之以高精度地图、云平台等应用，可以实现单个车路协同功能，有效提高道路通行效率，缓解交通拥堵，实现节能减排等。但在这个阶段，车路协同不能完全自主实现，需要人类驾驶员的干预，虽然可以解决交通系统面临的许多问题，但仍需要向更高级的阶段发展。

（3）中级协同阶段

在中级协同阶段，通过在车辆以及路侧安装智能感知设备与应用，可以让车与路进行主动的信息交互，实现部分与驾驶安全、交通效率、信息服务等有关的功能。根据车载设备与路侧设备的完备度以及交通信息采集主体，这个阶段的车路协同可以划分为两种：一种是以车为主的车路协同，另一种是以路为主的车路协同。

以车为主意味着车载设备的信息获取能力比较强，路侧设备的智能化、信息化水平比较低，只能起到辅助作用；以路为主意味着路侧设备的信息采集能力比较强，而且可以对采集到的信息进行处理，生成控制指令并发送给车辆，指挥车辆做出相应的操作。在一些特殊情况下，人类驾驶员需要及时干预，保证车辆行驶安全。

（4）高级协同阶段

在这个阶段，车辆与路侧都将搭载更加智能的传感器、智能信号控制器与通信设备，对云平台、边缘计算、高精度地图等进行集成应用，让车与路实现完全主动的信息交互，实现最高级别的车路协同。车辆可以自主感知周围的环境信息以及道路的交通流情况，对潜在危险进行预测，及时调整驾驶行为，重新规划行车路线，避开交通拥堵路段以及交通事故发生路段，提高通行效率，保证行车安全。整个过程不需要驾驶员的干预。

车路协同的发展是一个循序渐进的过程，不可能直接达到高级协同阶段。在目前的技术条件下，车路协同只能阶段性地实现部分系统功能，最终通过广泛采集各种信息，对信息进行整合应用来实现高级车路协同系统的功能。

1.3.3 车路协同驱动未来自动驾驶

自动驾驶技术真正走向成熟，实现车与车、车与路、车与人的密切配合是必然要求。在自动驾驶技术的发展过程中，由于车端感知本身存在局限性，例如感知范围有限、因传感器老化导致的感知性能下降等，所以如果仅仅依靠单车智能，无法完全满足多种驾驶场景的需求，还可能存在一定的安全风险，而安全性正是自动驾驶系统的关键指标之一。因此，可以通过引入路端感知的方法，进一步避免自动驾驶过程中的安全风险，这一过程也称为"车路协同"。车路协同不仅是自动驾驶的必然发展趋势，也是未来智慧交通的关键要素之一。

车路协同的基础是实现车、路、人等动态交通信息的互联互通：

- 车即车端，其数据主要来自车载系统所采集或存储的车辆信息；
- 路即路端，其数据来源于路侧感知系统采集到的路况和交通环境信息；
- 车端和路端的数据通过上传到云端实现数据交互与信息共享，从而为驾驶员或自动驾驶汽车提供智能化的信息服务。

车路协同集成了智能感知、边缘计算、云计算、大数据等关键技术，以5G网络作为数据传输通道，智能辅助自动驾驶。其中，融合智能算法进行数据处理的车辆控制系统是汽车实现自动驾驶的指挥中枢，传感器则为系统提供其决策所需要的各种基础数据，路侧信息网络则进一步为自动驾驶车辆提供外部环境数据的保障，卫星导航系统为车辆提供定位导航服务。

（1）车载系统

车载系统主要着眼于车端的智能化，包含车辆传感器、车辆控制程序、通信模组等软硬件设施。配置在车辆上的传感器可以实时监测并采集车辆设备运行情况及周围环境的信息，将这些信息反馈到控制系统，控制系统依托于一定的算法模型对数据进行分析判断，并做出决策或预警，从而辅助车辆安全运行。其具体功能包括路口安全通行预警、障碍物避撞、倒车或停车辅助等。目前，通过提升车载系统性能以实现自动驾驶是汽车厂商的主流选择。

（2）路侧系统

路侧系统主要着眼于道路及交通管理的智能化。通过在路上配置摄像头、雷达传感器等感知设备，对道路交通流量、行人流向、路况环境、通道障碍物、突发事件等动态信息进行采集，并依托于边缘计算网络进行整合分析，上传到车联网云平台，实现各种有效交通信息的实时共享，辅助车辆选择最佳行驶路径，规避视野盲区带来的安全风险，提升驾乘体验。路侧系统需要融合多元感知、人工智能学习与计算、边缘计算的超高算力、动态高清地图、大带宽＋低时延＋高速率的通信接入等优势技术，从而最大限度地满足智能化交通的运行需求，降低运维成本，促进车路协同真正实现。

（3）数据交互系统

数据交互系统的基本功能是实现人、车、路、云的互联互通。其中，车载单元与路侧单元间的信息交互是最重要的层面，其次是车端、路端与其他行车辅助系统（或平台）、交通管理平台的数据连通。这就要求车路协同相关企业进行合作，共同构建统一的交通生态系统，通过有线网络和移动网络等多种通信方式，实现车辆出行、交通管理、用户查询等多个终端场景中的连接，使智能汽车生产商、设备提供商、平台运营商、互联网企业、交通管理者及个人用户广泛参与到交通运行环节中，从而促进智能交通、智能汽车产业进一步转型升级。

1.3.4 基于车路协同的自动驾驶平台

车路协同要满足未来智能交通出行与管理的规模化应用需求，就要构建能使各种信息畅通共享，不同主体能够广泛参与的生态系统。这一系统主要分为基础能力层、平台服务层、业务应用层三个部分，如图1-6所示。

（1）基础能力层

在基础能力层面，人工智能和云计算技术是打造车路协同闭环的关键，而网络

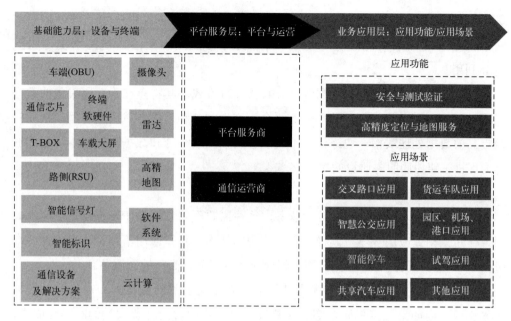

图1-6 车路协同产业链架构

切片和边缘计算能够为数据传输的实时性、可靠性提供保障。

自动驾驶从本质上来说，就是车辆模仿人类的驾驶行为，实现车辆自主控制与绝对安全运行，从而使人从驾驶活动中解放出来。自动驾驶 AI（人工智能）需要学习的内容包括：对交通环境进行感知，基于感知数据及历史经验做出合理决策，控制车辆运行，如走正确的线路或方向、加速与减速、避开障碍物等。相比算法，自动驾驶 AI 更侧重于驾驶经验的学习，最终目的是使其能够安全应对各种复杂的交通环境。目前大多数自动驾驶系统还处于学习阶段，其安全性、可靠性还远远不能达到预期。但随着相关感知技术与底层算法的进步，加上 5G 通信、边缘计算和车联网架构的深化运用，人工智能的学习能力将得到大幅提升，从而更快地适应各种复杂的交通应用场景，建立稳定可靠的智能化运行体系。

车路协同本身是以海量的数据交互为基础的，这就要求相关平台有强大的数据处理能力，云计算技术能够为平台的顺利运行提供保障。随着车路协同、自动驾驶技术的发展，云平台可以分为自动驾驶云平台和汽车云平台等，而汽车云平台又包含了私有云、公有云、混合云等层面。云平台根据不同的需求对数据进行整理、分析和管理，为物联网、车联网等系统的数据运维提供支撑，促进构建完善、可靠的车路协同系统。

5G 作为新一代蜂窝通信技术，主要有增强移动宽带（eMBB）、超高可靠与低时延通信（uRLLC）、海量机器类通信（mMTC）三大应用场景，这三大场景优势在智能交通领域可以得到充分发挥。通过网络切片技术，可以将通信网络依据不同需求倾向进行"切割"，从而在可控成本范围内使网络资源得到充分利用。

边缘计算则是一种靠近数据源的分布式计算方式，其特点在于对所采集的数据"就近处理"，避免了数据传输至中心平台而产生时延和对中心算力的占用，从而获得更高的数据处理效率。边缘计算不仅能够大幅降低时延和数据传输成本，还能够有力促进车路协同服务质量的提升。

（2）平台服务层

自动驾驶涉及多个领域的应用服务，往往需要不同领域的研发机构、供应商共同合作建立相关应用环境。同样，车路协同的技术进步和应用落地，也离不开各个机构、组织的协调配合。这里主要介绍模拟仿真服务、高精地图服务。

在自动驾驶系统的研发和优化过程中，需要大量的驾驶数据和道路测试数据作为支撑，而如果直接将研发实验对象投入真实路测，会耗费大量的时间和成本，因此，仿真测试是一个有效的解决方案。通过相关参数构建全场景、全流程的可视化智能测试模型，并通过人工标注、多场景模拟等方式对其进行训练，当达到一定标准后，再进一步进行路上实测。仿真测试对推动自动驾驶技术应用落地起着重要作用。

高精地图在车路协同发展的过程中发挥着基础性作用。高精地图可以显示出能看到的所有道路、环境信息，一方面，对距离、路上障碍物、车道边界线、车道中心线等数据的把控更加精准、全面，能够辅助车辆规划合理的行驶路径，对岔路口、人行横道、公交站等区域可能存在的风险及时做出反应；另一方面，高精地图能够提供天气、地形等地理环境信息和道路车流量等动态信息，及时对不利于驾驶的天气情况或交通拥堵作出预警，进一步辅助车辆的安全运行。

（3）业务应用层

业务应用层是与用户联系最为紧密的一层，其主要任务在于充分挖掘用户需求，增强系统对真实空间和时间场景的理解，为用户提供更为人性化、智能化的服务。其实现途径有智能交互及个性化推荐等。智能交互表现为向用户推送实时路况信息、目的地自动导航与路径规划、安全驾驶提示与风险预警等；个性化推荐则表现为根据用户偏好和具体应用场景，向用户推送相关互联网服务，进一步提升用户驾乘体验。

目前，得益于相关政策的支持，我国车路协同的实际道路测试工作正在有序开展，多个地区已开始规划建设车路协同、自动驾驶试点路段或区域。对于路端和车端两个重要方面，都有着相应的鼓励措施。在路端，通过与相关科技企业合作，改造道路设施，配置路侧智能感知系统，并构建相关云端信息处理平台，从而有效整合路侧信息，并开放一定程度的高精地图权限，为用户和信息提供入口。在车端，依托于大数据和人工智能技术，将海量的车路协同数据进行存储、分析，构建相应的驾驶控制 AI 训练模型，使驾驶数据得到充分挖掘，促进车辆控制系统的智能化，从而推动自动驾驶的发展。

第 2 章

智能网联汽车控制执行技术

2.1 智能网联汽车线控底盘的系统构成

2.1.1 线控底盘技术

近年来,汽车逐渐向网联化、智能化、电动化和共享化的方向转型发展,同时汽车底盘也开始趋向集成化。线控底盘技术是汽车行业实现转型发展的重要技术,能够在技术层面为汽车行业开发智能座舱和推动智能汽车实现自动驾驶提供强有力的支持。在实际应用当中,线控底盘技术的应用能够充分发挥高速容错通信总线的作用,为汽车与高性能中央处理器之间的信息交互提供支持,并助力电气系统实现高效通信。

我国政策端对智能网联汽车、新能源汽车的推动作用日益凸显,线控底盘作为其中的关键技术,受益于政策导向,已经进入快速增长期。2020年10月,国务院办公厅印发《新能源汽车产业发展规划（2021 — 2035 年）》,指出我国新能源汽车产业的发展应提高技术创新能力,深化"三纵三横"研发布局,倡导研发新一代模块化高性能整车平台,攻关底盘一体化设计,突破整车轻量化节能技术,强调线控执行系统是智能网联的核心技术。

（1）线控技术的基本原理

汽车线控技术是一项起源于航空领域的飞行控制系统的电子控制技术。在航空领域,线控技术的应用能够为飞行员控制飞机提供支持,具体来说,装配在操纵杆上的传感器能够感知操纵杆所受到的力和位移,采集飞行员的操作意图信息并将其转化成电信号传输至电控单元中进行处理,执行机构能够及时接收来自电控单元的电信号并根据电信号中所传达的信息来对飞机进行控制。

线控技术的应用可以追溯到20世纪70年代,最早是由美国国家航空航天局（National Aeronautics and Space Administration,NASA）所研发,应用于航空领域的一种线控飞行技术,可用"X by Wire"的形式来表示,其中"X"指汽车中由机械或液压来控制的部件或操作方式。

随着汽车产业的发展,汽车领域的各类动力学电控系统陆续出现,线控底盘技术逐渐发展起来,例如电子稳定性控制（electronic stability control,ESC）、防抱死制动系统（anti-lock brake system,ABS）和电子助力转向系统（electric power steering,EPS）等都属于这一范畴。其中,解决线控底盘中多个系统的耦合与协调控制问题,是线控技术在汽车领域实现应用的关键。在未来,要推动线控驱动、线控制动、线控转向等技术的创新，就离不开底盘动力学域控制技术的支撑。

从基本原理来看，应用了线控技术的汽车能够利用传感器来采集驾驶员的操作动作等信息并将其转化成电信号传输到执行机构当中，以便控制执行机构实现各项功能。线控技术的基本原理图如图2-1所示。

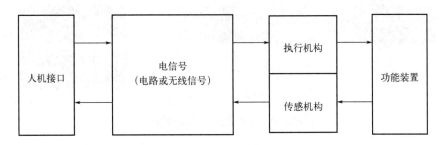

图2-1 线控技术的基本原理图

线控系统利用传感器、控制单元和电磁执行机构等设备取代了传统控制系统中的气动设备、液压设备和机械连接，大幅提高了系统的响应速度和安全性，降低了系统的安装和测试难度以及维护成本。

（2）线控底盘系统控制原理

与传统汽车相比，融合了线控底盘技术的智能网联汽车具有可控性强、控制精度高、机械结构紧凑、液压结构简单、运动状态监测能力强、信息反馈效率高等优势，能够利用整车控制器（vehicle control unit，VCU）来集中处理车辆信息，并将经过处理的信息传输到底盘系统当中，以便底盘系统根据指令控制汽车行驶，精准感知车辆的行驶状态，确保车辆能够安全稳定运行。因此，汽车行业开始将线控底盘技术广泛应用到各种型号的智能网联汽车当中，力图借助线控底盘技术来进一步提高汽车的智能化和网联化程度。线控底盘系统控制框图如图2-2所示。

线控底盘技术能通过电信号来实现与执行机构之间的信息交流。一般来说，大多数智能网联汽车都具有两种驾驶模式：一种是人工驾驶，另一种是自动驾驶。

具体来说，当车辆处于人工驾驶模式时，VCU能够获取车辆信息和驾驶员的操作信息，并集中处理底盘各部件中的信息，在此基础上实现对执行机构的有效控制；当车辆处于自动驾驶模式时，车辆中的计算平台能够获取和计算来自传感器的数据信息，并借助控制器局域网络（controller area network，CAN）将计算结果传输至VCU当中进行分析处理。

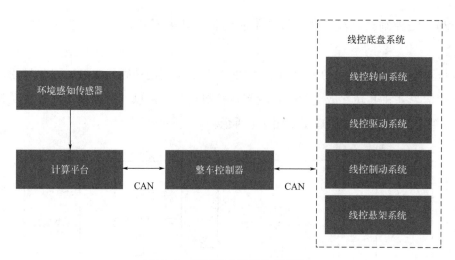

图 2-2　线控底盘系统控制框图

若要实现整车控制，还需要借助 CAN 总线将经过 VCU 处理的信息传输到线控底盘系统当中。当车辆由人工驾驶模式转向自动驾驶模式时，需要利用线控底盘技术和环境感知传感器来获取信号，并借助计算平台实现对信号的分析，以便 VCU 根据信号分析结果来控制线控底盘系统。

2.1.2　线控转向系统

智能网联汽车的线控底盘系统主要由线控转向系统、线控驱动系统、线控制动系统和线控悬架系统四部分构成，这四个组成部分能够通过协调配合来实现对车辆横向运动、纵向运动以及垂向运动的有效控制，进而助力车辆实现智能决策和稳定行驶。

具体来说，线控转向系统主要负责控制车辆的横向运动，也就是垂直于车辆行驶方向的运动；线控驱动系统和线控制动系统共同作用，负责控制车辆的纵向运动，也就是与车辆行驶方向一致的平动运动；线控悬架系统主要负责控制车辆的垂向运动，也就是平行于车轮平面的运动。

本节首先对线控转向（steer by wire，SBW）系统进行简单分析。

线控转向系统是一种基于电动助力转向系统的电气系统，电信号是其传递信息的重要介质。从基本结构来看，线控转向系统主要由转向盘模块、转向执行模块和电子控制单元（electronic control unit，ECU）三部分构成，各个模块间互相连接，协同作用，以智能化的方式对车辆的横向运动进行控制，并共同助力智能网联汽车实现自动避障、自动泊车等多种功能。线控转向系统结构示意图如图 2-3 所示。

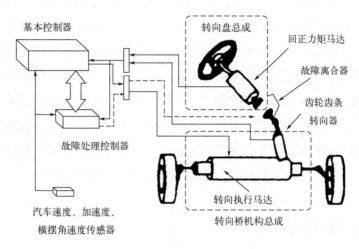

图 2-3　线控转向系统结构示意图

从工作原理来看，当车辆处于人工驾驶模式时，传感器可以采集方向盘转动信息，并将这些信息转化成电信号输入到 ECU 中，以便利用 ECU 来完成信号处理和指令输出工作，进而实现对转向执行电机、机械转向装置和转向轮的有效控制，提高车辆转向轨迹的准确性，充分确保车辆按照驾驶员所要求的转向、扭矩和转速行驶。

不仅如此，车辆行驶过程中的转角、扭矩和转速等信息也能够被实时采集并转化为电信号传输到 ECU 中，利用电信号来驱动路感电机，让驾驶员能够通过转向盘获取路感信息。

当车辆处于自动驾驶模式时，计算机平台可以根据来自环境感知传感器的信号来实现对行驶轨迹、行驶方向等车辆行驶情况的预设，通过 CAN 总线将驾驶员的转向意图等信息传输给 VCU 进行计算处理，并再次利用 CAN 总线将经过 VCU 计算的信息传输给线控转向系统的 ECU，进而控制车辆转向，达到帮助车辆实现各项自动驾驶操作的目的。

线控转向系统需要利用控制系统来处理智能网联汽车行驶过程中遇到的各类问题，并利用转向电机来完成各项复杂的计算，因此线控转向系统中的转向电机需要具有强大的算法，VCU 也需要具有较强的控制能力。

线控转向系统大多融合了硬件冗余方法和解析冗余方法等多种容错控制技术，能够在一定程度上保证车辆的安全性和可靠性。

具体来说，硬件冗余方法就是利用互相独立的两套机械装置来备份重要部件和易损部件，进而提高整个线控转向系统的容错性能。从工作原理来看，硬件冗余方法相当于利用离合器来控制转向信号的传输：离合器在车辆处于正常行驶状态时为分离状态，无法为车辆传输信息，车辆在传输转向信号时需要使用电子信号，但离合器也会在电子信号异常时进入结合状态，帮助车辆利用机械部件来传输转向信号。

解析冗余方法即"控制冗余法"。当智能网联汽车出现故障时，解析冗余方法能够利用算法冗余的方式在线控转向系统的容错范围内帮助汽车完成各项基本转向操作。解析冗余方法与控制器设计软件的科学性息息相关，科学性较高的控制器设计软件能够有效提升线控转向系统的冗余度。就目前来看，许多企业已经对此分别使用了以信号处理、环境感知和数学模型等为基础的容错控制方法。

2.1.3 线控驱动系统

线控驱动（drive by wire，DBW）系统主要用于对车辆纵向运动的控制，能够利用电信号来传递驾驶员动作信息，充分确保信息的准确性，进而达到精准控制智能网联汽车行驶速度的目的。当车辆处于自动驾驶模式时，线控驱动系统中的计算平台将会利用电信号来控制驱动电机，并在此基础上实现对车速的精准控制。

线控驱动系统主要由线控油门系统和线控换挡系统两部分构成，二者之间可以协同作用，共同支持线控驱动系统实现对智能网联汽车的有效控制。

具体来说，线控油门系统能够利用传感器来获取和传递车辆的加速踏板信号，利用控制单元来对踏板信号进行分析处理，并根据分析结果生成控制指令，达到利用电子信号控制踏板功能的目的，进而实现对车辆行驶速度的精准控制。线控油门系统可按照动力来源划分为两种：一种是燃油汽车线控油门系统，另一种是纯电动汽车线控油门系统。

未来，电动汽车将快速发展，其应用也将越来越广泛，纯电动汽车线控油门系统也将在智能网联汽车中发挥重要作用。从工作原理来看，纯电动汽车线控油门系统主要使用动力电池来为驱动系统供能，且能够利用计算平台来计算和传递车辆的最佳行驶信息，利用 VCU 来传递踏板踩下度等信息，利用电机控制器来控制驱动电机的扭矩和转速，并综合利用 VCU、MCU、计算平台等设备和平台来实现对车速的精准控制。

线控换挡系统具有轻便、尺寸小和智能化程度高等特点，适用于多种类型的智能网联汽车。线控换挡系统具有电控换挡功能，能够识别驾驶员在换挡时的错误操作问题，并及时进行处理，进而达到保护变速器的效果，其实物图如图 2-4 所示。

图 2-4　线控换挡系统实物图

当车辆处于人工驾驶状态时，位于操纵杆上的传感器能够采集驾驶人的换挡操作信息，并将这些信息转换成电信号传输至电控单元当中，以便电控单元通过对各项电信号的计算处理来生成控制指令，由换挡电机来执行该指令，完成挡位转换。当车辆处于自动驾驶状态时，智能网联汽车将根据驾驶员操作信息自动选择合适的挡位，并借助传感器来广泛采集环境中的信号，利用 ECU 来对各项信号进行计算处理，进而在前进挡、倒车挡、空挡和驻车挡之间进行自动转换，并实现自动驾驶。

2.1.4　线控制动系统

线控制动（brake by wire，BBW）系统能够根据路况等信息控制车辆减速、停车。与其他汽车制动系统相比，智能网联汽车中装配的线控制动系统的结构较为特别，能够利用电子信号来连接作为输入接口的制动踏板和作为执行机构的制动执行器。

线控制动系统在电子信号的精准度和通信协议的安全性方面具有极高的要求。就目前来看，液压式线控制动（electronic hydraulic brake，EHB）系统和机械式线控制动（electronic mechanical brake，EMB）系统以及混合线控制动（hybrid brake by wire，HBBW）系统是大多数智能网联汽车所应用的线控制动系统，如图 2-5 所示。

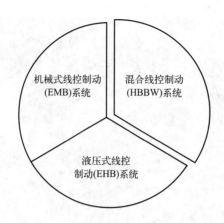

图 2-5 线控制动系统的三大类型

(1) 液压式线控制动（EHB）系统

液压式线控制动系统没有装配机械连杆和液压管路，但在制动踏板上装配了传感器，能够将传感器信号转换为电子信号，并将经过转换的信号传递到 ECU 当中，以便 ECU 据此实现对制动踏板动作的识别。

除此之外，液压式线控制动系统还可以利用环境感知传感器来实现对车辆行驶环境中的障碍物的检测，并利用车载计算平台来将检测信号传输到 ECU 当中，以便 ECU 对各项信号进行计算处理，并根据计算结果生成指令，控制液压执行机构完成对车辆的控制工作。

(2) 机械式线控制动（EMB）系统

机械式线控制动系统中没有装配液压装置，主要借助电子机械系统来进行电机驱动。机械式线控制动系统中主要包括电子踏板模块、车轮制动模块、中央电子控制单元等组成部分。

电子踏板模块能够采集作用在踏板上的力和速度等信息，并将这些信息转化成电信号传输给中央电子控制单元，中央电子控制单元能够接收电信号、制动踏板信号、车轮传感器信号和车速信号等多种信号，并利用控制算法来对这些信号进行计算，进而获取各项控制信息，充分掌握车辆的实际行驶情况，以便实现对制动器的有效控制。

(3) 混合线控制动（HBBW）系统

上述两种线控制动系统均具有明显的缺陷。其中，液压式线控制动系统的集成度不高，而且采用的液压管路一般比较复杂；而机械式线控制动系统可提供的制动力可能无法确保失效备份需求得到满足。因此，业界将二者结合构成了一种新的线控制动系统——混合线控制动系统。

混合线控制动系统之所以能够集成二者的优点，原因主要在于：作为主制动轮的前轮采用的是液压式线控制动系统，能够提供比较强的制动力，从而满足失效备份需求；对制动力需求相对较低的后轮采用的是机械式线控制动系统，液压管路相对简单，能够有效提高车辆的制动效率，并具有电子驻车功能。

智能网联汽车中的线控制动系统具有响应速度快、刹车反应迅速等优势，能够大幅提高制动能量的回收效率，帮助车辆减少在制动环节花费的时间，进而为车辆提供一定的安全保障，同时也能够有效提高车辆通行效率。

车辆的制动系统直接影响着车辆的安全性，因此需要利用具有高度科学性的控制系统来确保车辆的行车安全，一般来说，大多数智能网联汽车都借助冗余控制来提升整个线控制动系统的容错能力以及安全性和可靠性。

例如，长城汽车电子机械线控制动系统中装配了包含管路、车身电子稳定系统（electronic stability program，ESP）和电子驻车制动系统（electrical parking brake，EPB）的 EMS 制动器，能够集成电控软件和 ECU。

2.1.5 线控悬架系统

线控悬架系统能够采集车辆的实时运动信息和外部环境信息，并根据这些信息来自动调整悬架系统中的各项性能参数，实现车辆运动状态的全方位控制。一般来说，线控悬架系统主要用于对车辆在垂直方向上的运动的控制，能够通过对车辆的控制来提高车辆在行驶过程中的平顺性、操作性和舒适性。按照执行机构分类，线控悬架系统主要包括弹簧类、减振器类、防倾杆类三种，具体如图 2-6 所示。

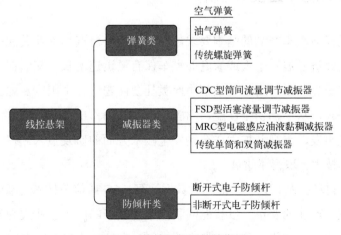

图 2-6 线控悬架系统的类型

智能网联汽车中的线控悬架系统能够实现对车身高度的精准控制。线控悬架系统可以利用传感器来广泛采集车辆的速度、转向、制动和加速度等信息以及道路信息，并将这些信息转化成电信号传输到ECU当中，利用ECU来对这些电信号进行处理，再将经过处理的电信号传输到执行器当中，进而实现对车身高度、减振器阻尼系数和控制弹性元件刚度的有效调控。

车身高度通常会受到车辆的载荷、运动速度等诸多因素的影响，线控悬架系统需要在对载荷和车速等因素进行综合分析的基础上来调整车身高度，确保车辆在整个行驶过程中的安全性和稳定性。一般来说，当车辆处于静止状态时乘员和载荷都会减少，而车身高度会随着重力的降低而增加；当车辆处于高速行驶状态时，线控悬架系统将会自动降低车身高度，确保车辆安全稳定行驶；当车辆驶入路况较差的路段时，线控悬架系统将会自动抬高车身高度，防止车辆与地面或悬架之间出现碰撞等问题。控制系统能够通过自动降低车身高度的方式来降低线控悬架系统的负荷，优化汽车的外部形象。

智能网联汽车中的线控悬架系统能够针对车辆的行驶环境动态调节位于车辆底盘处的减振器，提高车辆行驶的平顺性和操作的稳定性，同时该系统还具备成熟度高、控制操作难度低等优势，因此逐渐被广泛应用到各种型号的智能网联汽车当中。

2.2　智能网联汽车底盘稳定控制技术

2.2.1　车辆动力学建模与分析

安全性是任何汽车产品的基本要求，而驾驶安全是汽车行业关注的重要课题之一。随着社会经济发展，个人或家庭的汽车保有量迅速增长，交通拥堵、交通事故风险等问题也更加凸显。为了有效解决此类社会问题，各个国家及地区都出台了一系列政策、法规，从车辆安全性能、驾驶行为等方面作出规范。同时，各大汽车厂商从生产责任出发，重视并加大在车辆安全技术方面的研发投入，在主动安全、被动安全等汽车技术上取得了进展。

近年来，自动控制、人工智能、大数据计算、5G通信等技术逐渐应用到汽车领域，促进了汽车产业的变革，以智能网联汽车为代表的汽车工业成为未来的重要发展方向。智能化、自动化、信息化技术的应用，有助于为目前存在的交通安全难题提供有效的解决方案。

汽车底盘动力学控制的性能是影响车辆动态响应能力、车辆操纵稳定性等驾驶体验的重要因素。汽车动力学控制技术的应用经历了纵向控制的防抱死制动系统（anti-lock braking system，ABS）、牵引力控制系统（traction control system，TCS）和横向控制主动式舵角控制器（active yaw controller，AYC）等发展阶段，同时随着主动转向、再生制动等技术的发展，衍生出多种控制方式。

另一方面，电子控制技术的发展为汽车动力学控制技术的演进奠定了基础。1984年，老牌汽车零部件厂商博世（BOSCH）公司首次对车身电子稳定系统进行测试，汽车领域的电子控制技术自此快速发展起来。目前，进入该领域较早的企业，如大陆（Continental AG）、博世、天合（TRW）等企业开发出的车身电子稳定控制系统（electronic stability controller，ESC）产品占据了国际主流市场；中国的英创汇智、万安、科密、元丰等企业开发的同类产品也在国内快速普及应用。

汽车动力学域控制技术是汽车工业中的关键技术，也是保障智能网联汽车驾驶安全性的重要技术支撑。进行车辆动力学建模是研究底盘动力学域控制技术的主要方法，经过数十年的经验积累，目前已经形成了一套相对完善的整车动力学建模体系，为关键状态参数的估算提供可靠支撑。通过构建整车动力学模型和轮胎力学模型，可以对轮胎受力情况、车辆质心侧偏角、轮胎路面附着系数等参数进行准确估算。

（1）整车动力学模型

车辆动力学模型可以辅助研发人员对车辆的主动控制系统、各项动力性能进行测试、分析，从而进一步优化系统参数、完善各项功能。在不同的测试目标条件下，可以选择不同自由度的车辆模型，常见的有3自由度、4自由度和6自由度的车辆模型，如表2-1所示。

表2-1 常见的车辆动力学模型

车辆模型	具体内容
3自由度车辆模型	支持模拟纵向、横摆、侧向（或侧倾）方向上的动力学特性
4自由度车辆模型	支持模拟纵向、横摆、侧向、侧倾方向，或横摆、侧倾、俯仰、垂向方向上的动力学特性
6自由度车辆模型	支持模拟纵向、横摆、侧向、垂向、俯仰、侧倾等方向上的动力学特性

（2）轮胎力学模型

轮胎是介于道路与车体之间的作用力传递部件，一般情况下车辆受到的外力作用都经由轮胎传递到车架，因此轮胎动力学特性建模是整车动力学建模的基础，其模型参数的准确性会对整车动力学模型的准确性产生影响。在具体实践中，常用的轮胎稳态力学模型主要有三种，如表2-2所示。

表2-2 常用的轮胎稳态力学模型

轮胎稳态力学模型	具体内容
理论模型	一种侧重描述的、具有物理意义的模型，一般结合轮胎变形机理和物理结构等要素进行构建
经验模型	一般是在轮胎试验数据的基础上通过数据拟合的方法进行构建
半经验模型	该模型既涵盖了理论研究成果，又集合了测试或试验活动中获得的经验，试验数据与理论的吻合度较高，模型的扩展性较好。目前，Magic Formula 模型和 UniTire 统一模型是比较经典的半经验模型，有着广泛应用

此外，还有其他多样化的轮胎模型，这些模型或是在既有模型的基础上进行拓展完善，或是针对特定使用需求进行构建等。通常，模型的选择与使用目的、应用场景等因素有关。

2.2.2 动力学稳定性关键参数

在车辆动力学与控制技术的应用中，一般会涉及纵向车速、纵向加速度、横摆角速度、侧向加速度、轮胎力、路面峰值附着系数、质心侧偏角等参数。其中，质心侧偏角、轮胎力、路面峰值附着系数三个参数在车辆动力学分析中起到了关键作用，有着较高的准确度要求。

（1）质心侧偏角估算

车辆的质心侧偏角主要是指车辆质心速度方向与车头指向（即车辆纵轴）之间的夹角，它是评估车辆运动稳定性的重要指标之一，在计算中一般表述为侧向车速与纵向车速比值的反正切值。对这一参数的估算一般较为困难，目前运用的主要估算方法有：滑模观测器（sliding mode observer，SMO）算法、龙伯格观测器（Luenberger observer，LO）算法或卡尔曼滤波器（Kalman filter，KF）算法。

其中，SMO 和 LO 两种算法都能够适用于线性系统或非线性系统，且对模型精确程度有较高的要求，模型精度对估算结果有着较大影响。KF 算法则只能适用于线性系统,对模型也有较强的依赖性,但 KF 算法的扩展性较强,基于 KF 变形后的算法能够满足多种场景的估算需求。基于 KF 的变形算法主要有 3 种,如表 2-3 所示。

表2-3 基于KF的变形算法

基于 KF 的变形算法	具体内容
容积卡尔曼滤波(cubature Kalman filter,CKF)算法	该算法以三阶球面径向(spherical-radial)容积准则为基础,通过一组具有权重的容积点集(cubature points)进行高斯积分,从而解决非线性的系统状态估算问题
无迹卡尔曼滤波(unscented Kalman filter,UKF)算法	该算法采用无迹变换(unscented transformation,UT)来处理均值和协方差的非线性传递问题。根据一定的采样策略获得 Sigma 点集,将每个采样点进行非线性变换,获得新的 Sigma 点,再通过加权求和计算出加权均值和加权方差,以实现系统的近似线性化处理
扩展卡尔曼滤波(extended Kalman filter,EKF)算法	其基本思路是将非线性系统通过泰勒级数展开以实现线性化,然后利用线性的卡尔曼滤波算法计算出近似估算值。该方法的计算原理并不复杂,但计算过程中容易出现线性化累积误差,导致估算结果不准确

(2)轮胎力观测

在传统的研究方法中,车辆的轮胎力观测数据通常根据实验测试结果推算获得。近年来,感知技术在汽车工业领域不断深化应用,实现了轮胎力观测方法的创新。研究人员可以利用特定传感器设备(例如轮胎六分力传感器)直接测量以获取精确的轮胎力数据。但由于相关测量设备成本较高,其推广应用的速度较为缓慢。

(3)路面峰值附着系数估算

路面峰值附着系数也是评估车辆动力学稳定性控制性能和行驶工况的重要指标。估算路面峰值附着系数的主要方法有试验法(experiment-based)和模型法(model-based)两种。其中,根据应用原理的差异,试验法又可以进一步细分:

- 基于声学仪器的试验法:在汽车底盘上安装声学仪器,用于检测路面与轮胎接触时产生的噪声,并根据对噪声频谱的分析结果判断路面情况。
- 基于胎面传感器的试验法:通过安装在轮胎表面的传感器采集轮胎接触路面时的形变状态数据,根据一定的算法规则计算出路面峰值附着系数。
- 基于光学传感器的试验法:通过安装在车辆底盘的光学传感器对路面情况进行识别。该方法利用了光线的反射与波长的关系等基本原理。其原理示意图如图 2-7 所示。

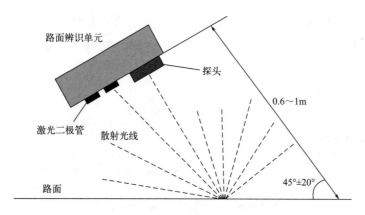

图 2-7 利用光学传感器进行路面辨识的基本原理

2.2.3 动态稳定控制系统

动态稳定控制（dynamic stability control，DSC）系统是一种能够提高汽车操控性能和稳定性的安全系统，其作用是防止车轮打滑、提高车辆进行紧急避让或高速转向时的稳定性。动态稳定控制系统是在循迹控制、加速防滑控制等安全功能基础上的延伸应用，在确保行车稳定性方面有着较好的效果。

(1) DSC 系统的基本原理

DSC 系统的运行原理与 ESP 类似，也是根据实时监测到的车辆运行状态判断是否提供稳定性辅助，然后通过输出反向力矩等方式帮助车辆克服偏离正确轨迹的倾向。例如，当车辆紧急转向以闪避障碍物时，DSC 系统能够通过限制发动机输出动力或反向制动等方式输出一个反偏航扭矩，从而消解急转中产生的不稳定因素。

DSC 系统配有先进的监测设备和控制设备，不仅能够对车轮转速进行实时监测，还可以获取准确的车速、转向盘转向角度、车辆侧向加速度等信息，然后通过对各种信息的综合分析，判断出转向或在泥泞路面行进中的车轮是否打滑。如果车轮出现打滑现象，控制单元可以通过调节车轮制动、推迟点火提前角、减少喷油脉宽等方式改善车轮运行状态；针对配有电子节气门的发动机，可以通过电信号调整节气门开度以降低发动机的动力输出，从而辅助车轮脱离打滑状态，使车辆在行进过程中有更好的循迹性。

(2) DSC 系统的主要作用

DSC 系统能够分别对各个车轮施加制动作用力以恢复其稳定性，从而使车辆具备了良好的道路适应能力，不仅能够在常规道路上平稳地转向、驱动或制动，还能够确保在湿滑路面、泥泞路面等恶劣道路条件下的行驶安全性。

在 DSC 系统中有一个重要的辅助功能，即动态牵引力控制（dynamic traction control，DTC）模式。在该模式下，DSC 系统对制动系统的干预响应极限有所提高，驱动轮打滑的可控制范围扩大。当车辆行驶在沙漠、冰雪路面或沙砾路面上时，DTC 模式可以辅助提升车辆的牵引力，确保车辆处于良好的运行工况。同时，主动转向系统提供的稳定性作用，有助于保证驾驶员对车辆的有效控制。

（3）DSC 系统装置及功能

具体来说，DSC 系统主要包括以下装置及功能，如图 2-8 所示。

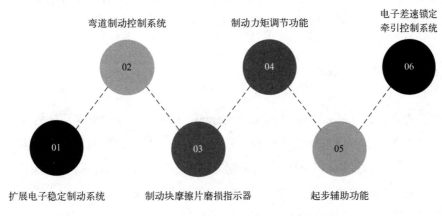

图 2-8　DSC 系统的主要装置及功能

① 扩展电子稳定制动系统。扩展电子稳定制动系统（erweitertes-stabilitts-brems-system，ESBS）一般与电子稳定系统协同运行，可以提高车辆的稳定性，减少车轮打滑的危险，尤其在紧急制动、紧急转向等情况下，可以有效保障行车安全。

② 弯道制动控制系统。弯道制动控制（curve brake control，CBC）系统的主要作用是在车辆转弯制动时，通过调整每个车轮的制动压力，使车辆产生与侧滑方向相反的横摆力矩，从而抵消车辆过度转向的趋势，使车辆保持在正确的运行轨迹上。

③ 制动块摩擦片磨损指示器。制动块摩擦片磨损指示器是 DSC 系统中一个重要功能模块，其作用是计算并指示出制动块摩擦片的磨损程度。当摩擦片磨损到极限时，制动块摩擦片磨损指示器会与制动盘直接接触，并发出警告信号。

④ 制动力矩调节功能。部分车型装载的 DSC 系统还具备制动力矩调节功能等一系列辅助功能，有助于进一步提升对制动力矩控制的精确性。当驾驶员踩下制动

踏板时，车辆能够快速做出制动响应，在保证制动效果的同时提升制动体验。此外，DSC 系统可以实时监测制动器的工作温度，并根据温度高低自动调节制动力大小，以避免高温状态下制动效应衰减带来的负面影响，确保在相同大小的制动作用力下有稳定的制动效果。

⑤ 起步辅助功能。DSC 系统不仅在制动时发挥作用，还能够辅助起步。当汽车在斜坡道路上起步时，起步辅助功能可以使车辆短暂保持在原位，直到发动机牵引力足以带动车辆前进时，将自动释放制动状态，保障车辆平稳起步。该功能可以有效避免溜车，提升了车辆坡道起步的安全性。

⑥ 电子差速锁定牵引控制系统。电子差速锁定牵引控制（electronic differential locking traction control）系统可以通过调整车轮的制动力分配来控制车辆加速过程中出现的打滑状态，从而为启动中的车辆提供更好的稳定性和牵引力。

2.2.4 电子稳定系统

电子稳定系统（electronic stability program，ESP）是一种车身稳定性动态控制系统，主要作用是提高车辆的操控性、稳定性及安全性。ESP 可以自动检测、判断控制需求，然后通过调整车轮制动力分配、调整引擎牵引力输出等方式保持车辆的稳定性，防止车辆发生翻滚、侧滑、失控等安全风险。该系统不仅大大提高了车辆在复杂路况条件下行驶的安全性，也进一步提升了驾乘人员的出行体验。

（1）电子稳定系统的原理

电子稳定系统的基本工作原理是：通过对车辆实际运行状态和预期状态的对比，判断车辆的稳定性控制需求，进而采取相应的措施来维持车辆稳定。电子稳定系统一般与传感器、车辆制动系统、驱动系统、电子控制单元和其他稳定性控制系统协同配合，实现对车辆全面、精准的动态稳定性控制。电子稳定系统的工作示意图如图 2-9 所示。

（2）电子稳定系统的结构

电子稳定系统的结构主要包括以下几个部分：

① 传感器模块。该模块具体包括转向传感器、车轮速度传感器、横向加速度传感器和车辆倾斜传感器等，各个传感器可以将实时获取的车辆运行参数传递到计算与控制单元中，为控制需求、控制决策的分析与计算提供基础信息支撑。

② 计算与控制单元。它是电子稳定系统完成控制任务的核心，它可以对接收到的感知数据进行快速分析、计算，准确评估车辆运行状态，判断是否存在安全风险

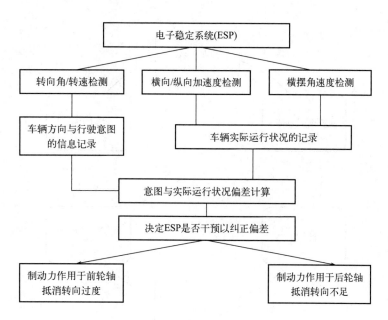

图 2-9　电子稳定系统的工作示意图

和稳定性控制需求，并按照相应的控制策略将指令信号传递到具体执行单元（如液压单元）中。

③ 液压单元。主要任务是根据接收到的控制指令执行相应操作，为车轮施加制动力，以维持车辆稳定。

（3）电子稳定系统的功能

电子稳定系统主要可以实现以下功能：

① 制动控制。当电子稳定系统检测到车辆偏离正确轨迹或出现失控风险时，可以及时对制动系统进行合理控制，具体包括调整单个或多个车轮的制动力分配情况等，以维持车辆稳定运行，缓解车辆失控或侧滑的趋势。

② 引擎动力控制。这是电子稳定系统实现稳定性控制的另一重要方法，当系统识别到车辆存在稳定性风险时，可以自动调节发动机的输出力矩，从而减轻车辆偏离轨迹或侧滑的倾向，维持其稳定性。

③ 多系统协同运行。电子稳定系统能够与防抱死制动系统（ABS）、牵引力控制系统（TCS）等多个安全辅助系统协同运行，以最大限度地保证车辆的稳定性和安全性。

（4）电子稳定系统的特点

电子稳定系统作为一款高可靠性的车辆稳定性控制系统，其特点主要体现在以下几个方面，如图 2-10 所示。

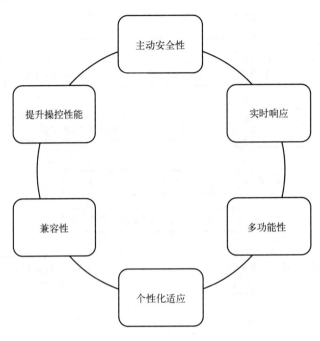

图 2-10 电子稳定系统的特点

① 主动安全性。电子稳定系统能够实时监测车辆运行的动态参数，并对潜在的失控风险或稳定性风险作出准确判断，主动采取相关措施避免危险发生，从而提高驾驶安全性。

② 实时响应。电子稳定系统通过高精度的传感器实时获取车辆工况数据，并依托于高性能的电控单元进行分析计算，因此能够快速响应稳定性控制需求，辅助提升车辆的操控性能，减少驾驶员对风险情况的反应时间。

③ 多功能性。电子稳定系统可以通过调整引擎动力输出、控制制动系统、协同其他系统（例如 ABS 系统、TCS 系统）等方式为车辆提供全面、可靠的稳定性支持，减少车辆在转向、制动过程中的侧滑风险。

④ 个性化适应。电子稳定系统一般支持多种模式或参数的调节，能够适应不同的驾驶情况和安全控制需求；同时，系统能够根据驾驶员的习惯和偏好进行个性化配置，从而提供更好的稳定性控制性能和驾驶体验。

⑤ 兼容性。电子稳定系统有较好的兼容性，能够与其他车辆安全控制系统无缝协同，共同保证车辆的稳定性和安全性。

⑥ 提升操控性能。电子稳定系统可以根据控制需求对引擎驱动力、制动力进行精确控制，并及时响应驾驶员的驾驶操作，从而使车辆具备更好的稳定性和操控性，提升驾驶体验。

2.3 智能网联汽车底盘线控技术

2.3.1 智能网联汽车底盘线控关键技术

近年来，智能网联汽车的电气化程度不断提高，大量智能网联汽车开始利用电控单元来控制输入量，并进一步强化线控底盘技术对驱动部分的控制，提高车辆控制的精准性和高效性。

(1) 全矢量单独车轮控制

智能网联汽车的底盘线控系统主要由线控转向系统、线控驱动系统、线控制动系统和线控悬架系统等子系统组成，这些子系统能够互相协调，共同作用，帮助智能网联汽车实现对横向、纵向和垂直方向的车轮运动的有效控制。全矢量单独车轮控制汽车就是能够独立控制所有车轮在前后、左右、上下六个自由度的作用力的汽车，而线控底盘系统是能够支持车辆实现全矢量单独车轮控制的驱动系统。

在全矢量单独车轮控制汽车中，每一个车轮中都装配了能够独立操控的驱动部件、制动部件、转向部件、悬架部件以及车轮控制单元，各个车轮控制单元能够直接控制自身所属的车轮，同时车辆中装配的域控制器也能够为各个车轮控制单元之间的交互协作提供支持，进一步提高各个车轮控制单元的功能性和安全性，并丰富智能网联汽车的性能，提高智能网联汽车的附加值。不仅如此，智能网联汽车还可以通过全矢量单独车轮控制的方式压缩控制单元收发信号所需的时间，为自身实现安全行驶提供支持。

(2) 线控底盘集成控制架构

传统汽车中的机械连接大多为硬连接，且通常使用液压和机械动力，因此大多存在传输速率低下等不足之处；智能网联汽车具有电气化程度高的特点，能够提高各个子系统之间的协调性，并利用线控底盘技术实现集成化控制，进一步强化自身的整体性能。

当智能网联汽车处于行驶状态时，位于车辆底盘的各个电控部件之间通常存在制约关系，因此若要提高车辆的整体性能，就必须先提升各个电控部件之间的协调性。线控底盘集成控制架构中具有整车控制器，能够通过集成转向系统、驱动系统、制动系统和悬架系统四个子系统并整合这四个子系统中的信息的方式进行整车控制。现阶段，有许多智能网联汽车无法保证其线控底盘集成控制架构中的四个子系统之间以及与其他系统之间的信息交互，因此也难以利用整车控制器来对各个子系统进行有效的协调控制。

对智能网联汽车来说，应充分发挥整车控制器的作用，集成车辆中各个子系统的各项相关信息，确保整个车辆能够安全稳定运行，进而实现车辆与道路、行人和云平台之间的信息交互。

（3）底盘线控容错控制

容错控制是智能网联汽车底盘线控的重要方式，智能网联汽车能够通过容错控制的方式来提高自身线控底盘系统的安全性、稳定性和可靠性，并有效支撑自身的各项应用。冗余控制是智能网联汽车线控底盘系统进行容错控制的主要方式，通常可分为硬件冗余和软件冗余两种类型，智能网联汽车线控底盘系统可以通过这两种方式来及时进行系统故障诊断，并快速处理系统中出现的各类问题。

汽车行业的各个企业可以通过冗余控制的方式来提高车辆在自动驾驶时的安全性。具体来说，企业需要为智能网联汽车的电池、传感器、执行器和控制单元等设备和元件配备冗余系统。

以博世公司为例，该公司不仅为智能网联汽车的制动系统设置了两套相互独立的制动执行器，还为电控单元配备了冗余系统，让智能网联汽车既能够利用独立的制动执行器分别执行各项制动任务，也能在其中一个网络出现问题时及时利用另一个网络来传输信息，确保整个系统的安全性和稳定性，同时也可以利用感知系统来对各项信息进行备份，有效防范由传感器故障等问题导致的系统风险。

一般来说，智能网联汽车线控底盘系统只能借助电信号来进行信息传输，且缺乏后备执行系统，因此需要具备十分强大的容错控制能力。就目前来看，大多数智能网联汽车的通信系统都是使用CAN总线，CAN总线无法充分满足车辆通信在容错方面的要求，也难以进一步提高智能网联汽车的通信速度和安全性。汽车行业的部分企业开始积极探索新的信息通信方式，借助FlexRay、C类时间触发协议、时间触发CAN总线等通信协议来保障车辆通信安全。

总而言之，智能网联汽车线控底盘技术是一项具有精度高、控制策略要求高、线控底盘子系统配合度高等特点的汽车电子控制技术，能够助力智能网联汽车实现全矢量单独车轮控制，有效保障智能网联汽车的行车安全，进一步提高车辆的安全性、可靠性和便捷性。

2.3.2 防抱死制动系统

防抱死制动系统（anti-lock braking system，ABS）是基于紧急制动场景设计的。

在紧急制动时，车轮可能出现抱死现象，即车轮相对路面的运动方式变为滑动而非正常滚动，这有可能导致车辆侧滑、丧失稳定性或转向能力。ABS 能够根据车轮加速度来调节制动压力，为车轮提供合适的纵向制动力和侧滑摩擦力，从而最大限度降低车辆安全风险。汽车 ABS 示意图如图 2-11 所示。

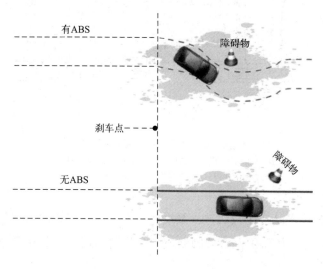

图 2-11　汽车 ABS 示意图

"车轮抱死"是指在车辆制动过程中，车轮因过度制动而停止转动，且与地面之间只存在滑动摩擦而没有滚动摩擦的现象。车轮抱死可能导致车辆侧滑、甩尾或失去转向能力，是诱发驾驶安全风险的重要因素。而防抱死制动系统可以通过自动调节制动力矩来防止车轮抱死，从而保持车辆在紧急制动时的稳定性和操作性能，避免车辆侧滑或甩尾，大大提升了驾驶安全性。

（1）ABS 系统的基本结构

ABS 系统的组成部分包括轮速传感器、电子控制单元（ECU）、液压制动系统、制动压力调节器（电磁阀和液压泵）和制动控制电路等，基本结构如图 2-12 所示。其中，轮速传感器一般安装在车轮上，可以将监测到的车轮速度信息传递到 ECU 中，为 ECU 判断、决策提供基础数据支撑。

ABS 的电子控制单元（ECU）则基于一定的算法规则和控制逻辑，结合轮速传感器和其他传感器的输入信号进行分析、判断和决策。如果判断出车轮具有抱死趋势，则将相应的控制指令发送到制动压力调节器，实现对车轮制动压力的调节。ECU 在 ABS 系统的控制与运行中起到关键作用，需要具备良好的计算性能。

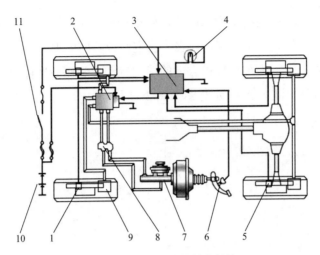

图 2-12　ABS 系统的基本结构

1—前轮速度传感器；2—制动压力调节装置；3—ABS 电子控制单元；4—ABS 警告灯；5—后轮速度传感器；
6—停车灯开关；7—制动主缸；8—比例分配阀；9—制动轮缸；10—蓄电池；11—点火开关

目前，ABS 技术已经比较成熟，系统能够实时监测车轮的滑移率并保证制动时车轮处于最佳状态，从而确保有效制动，同时将制动距离控制在安全范围内，大大降低了安全风险。

（2）ABS 系统的控制策略

目前，对 ABS 系统的控制策略（简称 ABS 策略）的研究已经有了丰富的成果。例如：基于逻辑门限的 ABS 策略的逻辑较为简单，对车辆模型和参数识别的依赖性较小，但标定烦琐；有研究者在逻辑门限的 ABS 策略的基础上引入了模糊规则，提出了基于模糊控制的 ABS 策略；此外，比例-积分-微分（proportional-integral-derivative，PID）控制策略根据车轮滑移率（例如偏差的大小、累计值和变化率等）进行反馈调节，简化了标定过程，具有算法简单、鲁棒性好和可靠性高等优点，被广泛应用于汽车动力学控制、工业控制等领域。

除了上述控制策略外，模型预测控制、混杂控制、滑模控制等策略在 ABS 领域也被广泛研究，这些策略都侧重于对车轮滑移率的控制，对车辆纵向速度的依赖较大，制动执行器的响应速度对控制精度有较大影响，因此一般与车辆的线控制动系统搭配使用，同时要求车辆装配高精度的速度传感器，相关技术在实际应用中还有待完善。

2.3.3　牵引力控制系统

牵引力控制系统（traction control system，TCS）与 ABS 相关技术具有一定关联性，该系统旨在通过控制车轮的牵引力来提高车辆的稳定性和安全性。其主要实现逻辑是协调控制发动机扭矩和驱动轮制动压力，从而精准调节车辆滑移率，减小因车轮打滑导致的不稳定因素，使车辆在高速运行时维持一定的横向稳定性。其中，对车辆纵向加速度、轮胎受力情况和路面附着情况的精准感知，是实现TCS精准控制的重要条件。

牵引力控制系统（TCS）是一种在车辆起步、加速或转弯时维持车轮稳定性的安全控制系统，通常与ABS系统配合使用。如果说ABS主要作用于过度制动的车辆工况，那么TCS作用于过度驱动的车辆工况。TCS除了调节车轮受到的制动力矩，还能够调节驱动电机的驱动力矩，因此TCS的结构也比ABS更为复杂。

（1）TCS系统的基本结构

TCS系统的结构大致包含传感器、控制单元、执行机构等组成部分，其关键组成部分如图2-13所示。

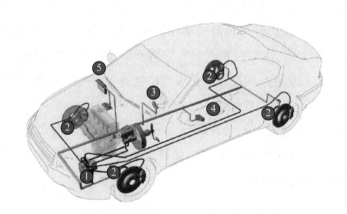

图2-13　TCS系统的关键组成部分

1—液压控制单元；2—轮速传感器；3—方向盘转角传感器；4—惯性传感器；5—驱动力控制单元

① 传感器。传感器为TCS系统的控制活动提供了基础的数据支撑。这些传感器包括：轮速传感器、节气门开度传感器、方向盘转角传感器和惯性传感器等。其中：

● 轮速传感器通常与ABS共用，能够实时监测驱动轮和从动轮的运行情况，并将转速信息传递到ABS和TCS的电控单元中，用以分析、判断。

● 节气门开度传感器可以将实时监测到的主、副节气门位置信息或开度信息传递到自动变速器和发动机控制单元，用以判断、决策。

② 控制单元。电子控制单元（ECU）是TCS系统的核心，承担了关键的数据运算、分析与决策的任务。在TCS的运行过程中，ECU需要完成对车轮滑转率和

车辆行驶条件的判断,前者主要来自轮速传感器的感知数据,后者则通过对轮速、节气门开度和发动机力矩等信号的综合分析得出;明确车辆的行驶工况与条件后,则可以分析并确定控制方式,包括调整制动力分配、调整发动机输出功率等;再将控制指令发送至制动执行器或副节气门执行器,从而完成牵引力控制,确保驱动中的车辆安全运行。

③ 执行机构。TCS 系统的执行机构主要包含电磁阀总成、制动执行器和节气门执行器。

- 电磁阀总成:与 ECU 和液压控制系统相连,是 ECU 的执行器和液压调节系统的开关元件,一般由 3 个二位二通的电磁阀组成。电磁阀可以根据 ECU 的指令信号切换液压调节系统中的油路开关状态,调整制动轮缸液压大小,进而辅助调节制动压力。
- 制动执行器:主要用于调节制动压力,具体结构包含压力传感器、液压泵和蓄能器等。制动执行器接收到来自 TCS 电控单元的指令后,可以通过电磁阀调节驱动制动压力的大小,从而使车轮滑转率维持在正常范围内,确保车辆稳定运行。
- 节气门执行器:主要是指副节气门调节装置,其任务是根据 TCS 电控单元的指令调节副节气门的开启角度。其组成结构包括传动机构和步进电机等。

(2) TCS 系统的主要功能模块

TCS 系统可以通过调节制动轮缸压力和驱动电机的输出扭矩来调节车轮滑转率,从而改善轮胎和路面的附着特性,维持车辆稳定运行。目前,应用较为广泛的 TCS 系统控制架构如图 2-14 所示。

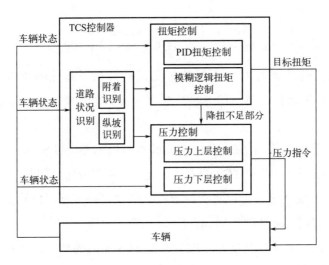

图 2-14 TCS 系统控制架构

在这一架构下，又包含了道路状况识别、驱动扭矩控制和压力控制三个主要的功能模块：

- 道路状况识别模块：其功能包括对路面上车轮附着情况的识别和纵坡的识别，从而为 TCS 控制与执行提供基础数据支撑。
- 驱动扭矩控制模块：通常包括基于 PID 控制的扭矩控制和模糊逻辑扭矩控制两部分。控制运行所需的参数主要来自道路状况识别模块和其他车辆传感器，通过对数据的整合分析，可以输出目标扭矩及调整扭矩等数值。
- 压力控制模块：根据以上两个模块的计算结果进行压力控制。其中，上层压力控制主要输出目标压力，底层压力控制则涉及具体的执行操作，以实现控制目标。

2.3.4　主动式舵角控制器

在 ABS 和 TCS 相关技术的基础上，进一步发展出了一种差速器装置——主动式舵角控制器（AYC），以应对驱动操作和制动操作对车辆稳定性（包括纵向、侧向作用力情况）的影响。该系统通过精准控制车轮的扭矩分配情况来实现主动的车轮滑移率和纵向力控制，同时基于车轮对路面的附着力大小，实现对车轮侧向力的间接调节，进而控制整车横摆方向的力矩，为转弯或曲线行驶的车辆提供更好的操控性和稳定性。

以博世公司的 ESP 系统为例，其 ESP 基于主动扭矩矢量控制（active torque vectoring）、电子稳定程序和分层架构实现了 ABS、TCS 和 AYC 的融合应用。在 ABS 和 TCS 控制方面，通过 PID 策略和鲁棒控制策略并结合驱动、制动信息控制车轮纵向力，通过调节车轮滑移率控制车轮侧向力；在 AYC 控制方面，通过对驾驶员操作信息和车轮侧偏角、横摆角速度等参数的计算，输出控制所需的附加横摆力偶矩。博世的 ESP 有着良好的适应性和鲁棒性，在许多高性能车型中有着广泛应用。

目前，AYC 中广泛应用了最优控制、模型预测控制、滑模控制等控制方法，这些方法能够在特定工况下取得较好的控制效果。但在车辆运行过程中，AYC 的触发场景往往是非线性的，对非线性场景下控制策略的有效性有待深入研究。同时，虽然局部线性化的控制方法能够应对部分非线性问题，但准确度、可靠性仅局限在线性化点附近，不能满足整个 AYC 工作区间的控制要求。要实现对各类非线性问题快速处理，除了优化相关控制策略，还要提升对车辆参数的感知精度和处理效率，从而为非线性场景下的 AYC 控制提供可靠数据。

第 3 章

智能网联汽车线控转向系统

3.1 线控转向系统概述

近年来，线控技术飞速发展，并逐渐被应用到汽车领域，为车辆控制提供支持。一般来说，汽车领域所使用的集成线控系统可分为线控转向（steer by wire，SBW）系统、线控制动（brake by wire，BBW）系统、线控驱动（drive by wire，DBW）系统、线控悬架（suspension by wire）系统和线控换挡（shift by wire）系统等多种类型，其中集成 SBW 系统与 BBW 系统示意图如图 3-1 所示。

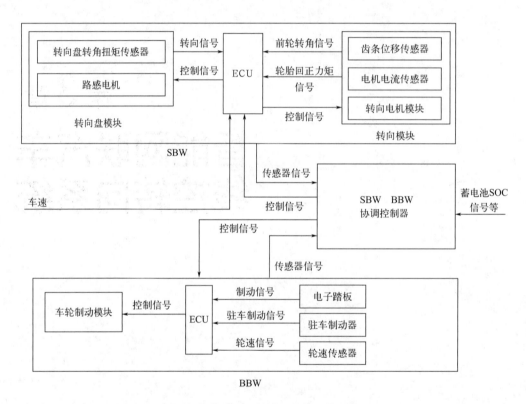

图 3-1 集成 SBW 系统与 BBW 系统示意图

在汽车领域，线控技术的应用能够为驾驶员控制车辆提供支持。具体来说，装配在制动踏板上的传感器能够感知踏板的受力情况和位移情况，采集驾驶员的操作意图信息；装配在汽车的其他位置的传感器也能够广泛采集汽车的各项行车参数信息，并将这些来源于各个传感器的信息转化为电信号，传输到电控单元当中进行分析处理；执行机构可以根据电控单元的处理结果来控制车辆，进而达到提高车辆的制动性、动力性以及操作的平顺性和稳定性的目的。

SBW 系统是线控底盘系统的重要组成部分，也是全球各国汽车行业的专家和学者以及汽车制造商研究的热门领域。SBW 系统在汽车领域的应用大幅提高了车辆的线控化程度和智能化程度，为车辆实现个性驾驶、辅助驾驶和自动驾驶等先进功能提供了强有力的支持，也为智能网联汽车的发展和应用落地提供了助力。

3.1.1 线控转向系统的性能优势

SBW 系统利用线控技术来进行车辆转向控制不仅不需要机械连接，还能大幅提高系统在设计和实施方面的自由度。一般来说，线控转向系统主要具备以下几个方面的性能优势，如图 3-2 所示。

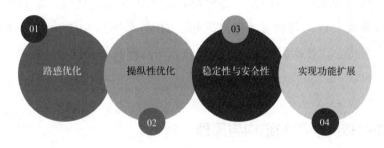

图 3-2 SBW 系统的性能优势

（1）路感优化

路感就是汽车转向盘传递给驾驶员的能够明确反映车辆和轮胎在汽车行驶时的运动情况和受力情况的反作用力。在线控转向系统当中，路感反馈电机能够模拟生成路感，避免转向盘因道路状况不佳而受到冲击，并提高路感设计的自由度，根据驾驶员的实际需求进行路感设计。

（2）操纵性优化

SBW 系统能够自由设计转向角传动比，确保车辆在高速行驶状态下转向的平稳性以及在低速行驶状态下转向的灵敏性，为驾驶员驾驶车辆提供帮助。不仅如此，SBW 系统还能够充分发挥车载总线技术的作用，集成 ABS、EPS 和 DYC（direct yaw moment control，直接横摆力矩控制）等多个系统，促进各个系统之间进行信息交互和信息共享，进而强化汽车的综合性能，并为汽车实现底盘集成控制提供支持。

（3）稳定性与安全性

SBW 系统能够利用控制器和状态反馈信息实现对转向执行电机转角的动态

实时控制，充分确保车辆的稳定性。除此之外，SBW系统也能根据驾驶员的实际情况自由选择转向盘的位置，为驾驶员驾驶汽车提供方便，同时也能够提高驾驶员在驾驶车辆时的安全性和舒适度，在交通事故中降低驾驶员所面临的危险。不仅如此，线控电机在SBW系统中的应用也有助于提升系统工作效率和保护环境。

（4）实现功能扩展

SBW系统既能够根据驾驶员的转向操纵需求自定义人机界面，也能够利用线控转向技术来为先进驾驶辅助系统实现车道保持等功能提供支持，让车辆能够借助传感器和摄像头等设备及时感知到行车偏移等问题，并自动采集和传输转向信号，调整行车轨迹。

与此同时，SBW系统还能利用自动泊车系统中的传感器来感知外部环境，采集泊车环境信息和泊车车位信息，并精准控制车辆的运动轨迹，助力车辆实现自动泊车。近年来，自动驾驶技术飞速发展，SBW系统和SBB系统之间的互相协调和共同作用将会在技术层面为汽车实现轨迹跟踪和紧急避撞等功能提供强有力的支持。

3.1.2 线控转向系统的结构与原理

汽车线控转向（SBW）系统是一种由传统的转向系统不断升级发展而来的较为成熟的系统。从发展过程来看，初期的机械转向系统逐渐发展为液压助力转向（hydraulic power steering，HPS）系统，再在此基础上发展为电控液压助力转向（electro-hydraulic power steering，EHPS）系统，然后再进一步发展为电动助力转向（electric power steering，EPS）系统。就目前来看，EPS系统已经被广泛应用到各种不同类型的汽车当中。

传统的转向助力系统在设计和实施环节所受到的限制因素较多，如安装空间、力传递特性、角传递特性等，因此汽车行业积极推进对汽车转向系统的研究，助力汽车转向系统从ADAS系统逐步向自动驾驶的方向升级，并在此基础上开发出了更加成熟的SBW系统。

与传统的汽车转向系统相比，SBW系统在结构上没有机械连接，在功能上能够解耦驾驶员输入和前轮转角，从组成部件来看主要包括转向盘模块、转向执行模块和电子控制单元三部分，其中转向盘模块中具有人机界面（human-machine interface，HMI），转向执行模块中包含转角传感器、转向执行电机、转向电机控制器等诸多部件，电子控制单元主要包括主控制器和故障处理单元。

带有故障容错的双转向电机 SBW 系统通常由路感电机（driver feedback motor，DFM）、转向电机（steering motor，SM）、路感反馈控制器（feedback controller，FC）、转向控制器（steering controller，SC）、角度传感器（angel sensor，AS）、扭矩传感器（torque sensor，TS）、位移传感器（displacement sensor，DS）、车辆主控制器（vehicle control unit，VCU）、电源（power supply，PS）、控制器局域网（controller area network，CAN）总线等诸多部件构成，能够精准测量方向盘（solid works，SW）的角度和扭矩、转向器输入轴的角度以及齿条的位移，辅助汽车实现精准高效的转向控制。带有故障容错的双转向电机 SBW 系统结构示意图如图 3-3 所示。

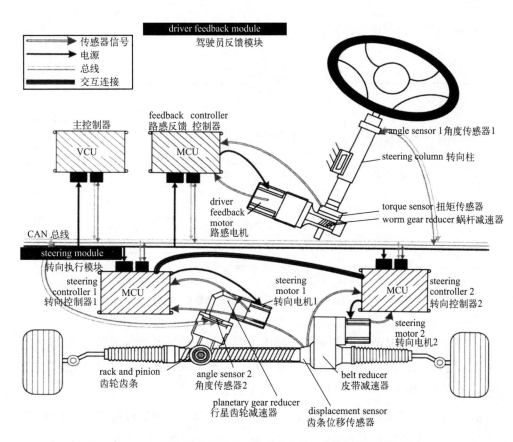

图 3-3　带有故障容错的双转向电机 SBW 系统结构示意图

从工作原理来看，在 SBW 系统中，装配在转向盘上的扭矩传感器和转向角传感器能够在驾驶员转动转向盘时采集转角和扭矩状态等信息，并将这些信转化成电信号传输到路感反馈控制器当中；汽车中的其他各个传感器也会广泛采集车速、车身加速度和横摆角速度等信息，并将这些信息转化成电信号；车辆主控制器将会根据控制策略和这些电信号中传达的信息来对两个转向控制器进行控制，助力转向执行器带动车辆完成转向；与此同时，主控制器会向路感反馈电机发送力矩指令，转向控制器也能够及时向路感反馈控制器传递车轮转角、轮胎与地面之间的阻力等信息，以便路感反馈控制器据此向车辆驾驶员反馈路感信息。

主控制器中的故障处理单元是 SBW 系统的重要组成部分，该单元主要由各类监控和算法程序构成，能够监控各个子控制器，及时发现各个子控制器中存在的问题，以便故障处理单元根据实际情况高效解决各项问题，保障车辆的行车安全。

SBW 系统工作原理框图如图 3-4 所示。

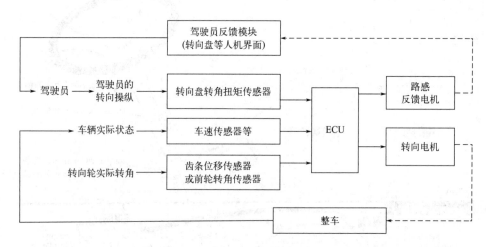

图 3-4　SBW 系统工作原理框图

从结构来看，SBW 系统控制器主要由电源电路、传感器信号调理电路、转向电机 H 桥驱动电路、力反馈电机 H 桥驱动电路、车辆主控制器的通信接口电路等设备构成，如图 3-5 所示。

SBW 系统能够集成来源于转向器齿条位移传感器、转向盘转角扭矩传感器、转向电机电流传感器等多种传感器的电压信号，并对这些电压信号进行模数转换，也能生成脉冲宽度调制（pulse width modulation，PWM）信号，为转向电机 H 桥驱动电路和力反馈电机 H 桥驱动电路实现电机正反转等功能提供支持，还能通过程序下载端口来下载程序、优化程序。

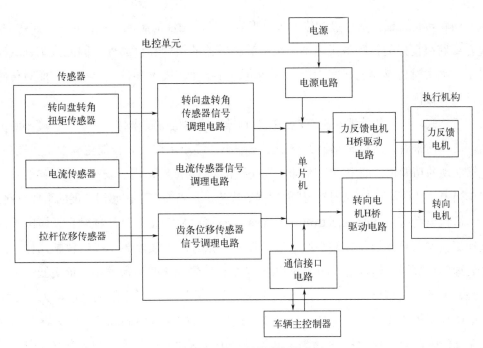

图 3-5 SBW 系统控制器结构图

3.1.3 线控转向系统的关键技术

线控转向（SBW）系统融合了多个学科和领域，如力学、电子、电机、系统控制理论与机械等的相关知识，除此之外，SBW 系统的落地应用还涉及以下几项技术，如图 3-6 所示。

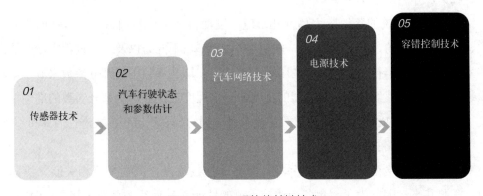

图 3-6 SBW 系统的关键技术

（1）传感器技术

SBW 系统决策的有效性通常会受到来源于传感器的车速、转向盘角、转向盘力矩、前轮转角、横向加速度和纵向加速度等信息准确性的影响，由此可见，SBW 系统若要获得良好的控制效果，就必须提高传感器的精度和可靠性，因此汽车领域需要不断加大对传感器的研究力度，从精度、可靠性、成本和体积等多个方面对传感器进行升级优化。

近年来，汽车传感器在汽车电子控制领域的应用范围越来越广，应用深度不断加大。就目前来看，汽车传感器的体积正在缩小，集成化程度和智能化程度正在提高，能够实现的功能也日渐丰富。体积较小的微型传感器能够适用于安装空间各异的各类汽车当中，且具备低能耗、抗干扰能力强等优势，是当前汽车传感器发展的重要方向。

微机电系统（micro-electro-mechanical system，MEMS）是一种融合了微电子机械加工技术的汽车电子控制系统，能够在同一张芯片中装配微米级的敏感元件、信号处理器和数据处理装置，因此 MEMS 微型传感器通常具有尺寸小、价格低、可靠性强、系统测试精度高等优势，且能够进一步增强汽车电子系统的性能，为汽车实现电子控制提供强有力的支持。现阶段，横摆角传感器、纵向加速度传感器和侧向加速度传感器等多种 MEMS 微型传感器已经进入落地应用阶段，在各类汽车中发挥重要作用。

智能传感器能够利用工艺技术在一张芯片中集成传感器的敏感元件、信号调理电路以及微处理器的各项功能，进而达到集感知、计算和存储等多种功能于一体的目的。除此之外，智能传感器还能够利用反馈回路来提高传感器精度，进而提高传感器所获取的各项信息的准确性。不仅如此，智能传感器中的微处理器还能够利用各种软件来处理硬件无法处理的工作。

（2）汽车行驶状态和参数估计

汽车线控系统的落地应用离不开车速、发动机转速、转向盘转角、路面附着系数、前后轮侧偏角、车轮纵向力、车轮横向力、车轮垂向力以及制动过程中轮胎的滑移率等各项与汽车行驶状态相关的参数的支持。在这些参数中，部分参数来源于车辆中装配的各个传感器，因此传感器的精度在一定程度上能够决定部分参数的准确性程度。SBW 系统需要利用模型和算法等手段来对车辆的行驶状态和参数进行估算和预测。

（3）汽车网络技术

汽车中通常会装配大量线控系统，且各个线控系统之间通常互相关联、协同作用、资源共享，因此为了避免各个线控系统的性能受其他线控系统干扰，SBW 系统需要进一步优化通信时间的离散性和延时性。

传统的 CAN 总线协议是基于事件触发的，因此信息传输时间具有较强的不确定性，即便能够按照既定的优先级收发信息，也很难确保不会出现网络拥挤和信息延迟等问题。汽车行业不断加大对汽车网络技术的研究力度，陆续开发出一些具有可靠性强、容错性高、传输速率快、通信时间延迟固定和通信时间离散度低等优势的车载通信网络协议。

FlexRay 是一种具有以上各项优势的车载网络协议，可以有效管理多重安全和舒适功能，并应用到线控系统中，为车辆实现线控转向提供网络层面的支持。除此之外，FlexRay 还具有双总线结构的特点，支持单、双总线并存，能够充分发挥各项软硬件的作用，助力车辆线控转向系统实现总线应用层的容错控制方法。以 FlexRay 总线为技术基础的汽车线控转向系统能够实现从机械化向电气化的升级，并结合高速容错总线来提高自身的传输速率和可靠性，进而实现信息化、智能化、自动化。

（4）电源技术

汽车的电源需要为 SBW 系统的电机、电子控制单元以及路感模拟电机供电，因此电源输出功率较大，负荷较重，电源的性能也会直接影响 SBW 系统的稳定性。就目前来看，SBW 系统可根据供电电压分为两种：一种需要使用 12V 的电压，通常装配 12V 的电机，需要以加大电流的方式来提高输入的功率；另一种需要使用 42V 的电压，这种 SBW 系统具有能够有效降低电机质量要求、线束直径、设计成本以及使用成本的优势，发展前景十分广阔。

（5）容错控制技术

SBW 系统的发展需要保证汽车的安全性和可靠性。SBW 系统中没有机械连接，主要通过电信号来传递信息，因此当电控系统、传感器、执行机构和电源等设备发生故障时，汽车驾驶员将无法有效操控车辆，也难以控制汽车完成转向。由此可见，汽车线控转向系统需要加强与容错控制技术的融合，充分发挥容错控制技术的作用，利用网络、多核控制机制和冗余部件来实现对传感器、电控单元、执行机构和电源等设备的容错控制，进而达到提高车辆的安全性和可靠性的目的。

3.1.4 线控转向系统的案例分析

对于线控转向（SBW）系统的研究，西方发达国家开展得比较早，并取得了一定的成果。就目前来看，日本的三菱商事株式会社，德国的罗伯特·博世有限公司（BOSCH）、采埃孚股份公司（ZF Friedrichshafen AG）和宝马公司（即巴伐利亚发动机制造厂股份有限公司，BMW），美国的德尔福派克电气公司（Delphi）和天合汽车集团（TRW Automotive Holdings Corp.）等多家行业领先的汽车企业和汽车零部件厂家都陆续开展了 SBW 系统的研发工作。

其中，天合汽车集团是世界上第一家提出废除转向盘和转向轮之间的机械连接，改用控制信号的企业，但由于在线控转向技术发展初期，电子控制技术还不够成熟，无法有效支撑线控技术的发展和应用，因此线控技术在20世纪90年代才开始进入快速发展时期。

2013年1月，英菲尼迪汽车公司在北美市场正式发布"英菲尼迪Q50"，这是全球首辆融合了线控转向技术的量产车型，对线控转向系统的发展和应用有着十分重要的意义。

2017年，耐世特汽车系统公司（Nexteer）综合运用静默转向盘系统和随需转向系统开发出具有随需转向功能的线控转向系统。当车辆处于自动驾驶状态时，这种线控转向系统能够控制转向盘不再转动，并将其收缩到组合仪表当中，避免过度占用车内空间。

我国对线控汽车的研究大多是理论研究，我国的研究和发展水平与以上几个发达国家之间还存在一定的差距。2004年，上海举办第六届上海国际工业博览会，会上，同济大学公开了其自主研发的装配了线控转向系统的四轮独立驱动微型电动车"春晖三号"。

下面我们针对当前智能网联汽车厂商推出的线控转向系统进行案例分析。

（1）英菲尼迪Q50线控转向系统

英菲尼迪Q50中装配的线控转向系统能够利用转向管柱来连接转向盘和转向执行机构，利用电控多片离合器来连接转向管柱和转向执行机构。英菲尼迪Q50线控转向系统如图3-7所示。

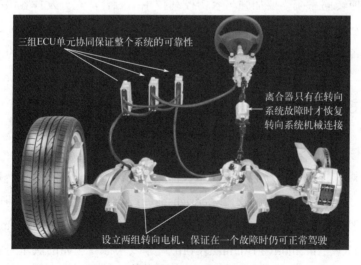

图3-7　英菲尼迪Q50线控转向系统

一般来说,处于正常行驶状态下的英菲尼迪 Q50 汽车的多片离合器即便具有转向管柱也仍旧不会连接,且转向管柱不会直接作用于汽车的前轮。英菲尼迪 Q50 汽车中装配的多片离合器只在线控转向机构出现故障时才会自动接通,并以刚性连接的方式接通方向盘、转向柱和转向机构,进而在确保行驶安全的前提下控制车辆完成转向。

(2) 博世公司线控转向系统

博世公司所研发的线控转向系统中没有转向柱,主要利用没有刚性连接的上转向系统和下转向系统来助力汽车完成转向。其中,上转向系统的主要构成部分是上转向执行器,下转向系统的主要构成部分是全冗余式下转向执行器。博世公司线控转向系统如图 3-8 所示。

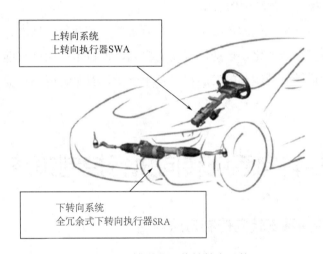

图 3-8　博世公司线控转向系统

(3) 丰田 bZ4X 车型 One Motion Grip 线控转向系统

一汽丰田 e-TNGA 架构下的首款纯电 SUV 车型 bZ4X,选装了"One Motion Grip"(单把操纵)的线控转向系统。该系统与模块化驾驶操作系统融合,完全舍弃了转向盘与轮胎之间的机械结构连接方式。该车型所配置的异形转向盘凸显了线控转向系统的特点。

与同类竞争车型相比,该车型的转向系统主要具备以下竞争优势:

① 从系统性能方面看,bZ4X 的 SBW 系统可以实现良好的主动转向甚至自动转向功能,并根据驾驶员的驾驶习惯、特点及车辆的行驶情况,提供多样化的驾驶辅助;同时,能够通过调节驾驶员手动转向与转向系统控制器之间的控制权重,改变自动化驾驶辅助性能,在一定条件下可以实现平行驾驶甚至自动驾驶;该系统的

应用预示着汽车系统智能化程度进一步提高，是车载系统从辅助驾驶向自动驾驶过渡的体现。

② 从安全性方面看，该转向系统基于先进的结构设计和优越的控制性能，不仅能够确保路面状态、反馈力矩等信息准确传递，还可以有效阻断轮胎带来的不必要振动。系统集成了车道跟踪辅助功能，可以在路面环境较差的情况下精准控制轮胎动作，从而保障行驶安全。

③ 从驾驶体验方面看，系统可以独立控制车轮转角与转向盘转向力矩，增强了路感及操纵感体验；转向盘的转动角度范围是 ±150°，驾驶员基本无须手动操作，因而转向操作更加轻便，减轻了驾驶员在入库、掉头等场景中的操作负担；转向盘与转向轮之间不再采用传统机械结构连接，装配零件更为简洁，这为驾驶座舱提供了更大的空间，提升了驾驶位的自由度。

目前，线控转向系统技术还处于初步发展阶段，其功能、性能、技术还有待开发。未来，随着汽车智能化、自动化程度的提高，该技术的应用与创新将成为必然趋势，它可以为自动驾驶汽车的发展提供技术支撑，有着良好的产业化、商业化市场前景。

3.2 线控转向系统转向执行控制策略

3.2.1 线控转向系统转向控制方法

依据自动控制理论，线控转向（SBW）系统的转向控制方法主要有以下四种，如图 3-9 所示。

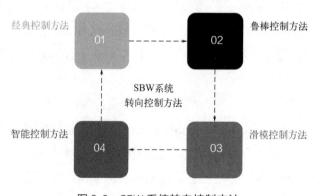

图 3-9 SBW 系统转向控制方法

(1) 经典控制方法

作为转向系统控制的主要方法,经典控制法主要包含 PID 控制与状态反馈控制两种方法。其中,PID 控制主要用来修正前轮转角,通过车辆横摆角速度理想值与实际值之间的差值来实现修正。PID 控制的有效性体现在车辆在高速行驶过程中可以顺利完成双移线测试,车辆的实际行驶轨迹和理想路径可以达到高度一致。

经典控制方法采用分叉图来呈现变动的参数值的非线性,预估最高的李雅普诺夫(Lyapunov)指数用以识别混沌运动和周期运动,之后产生了状态反馈控制方法,用来控制混沌的转向运动,避免驾驶员在操作过程中出现危险转向行为,确保汽车稳定转向。

对于四轮汽车的横摆与侧向运动的控制,可以采取非对角、多输入多输出的定量反馈理论控制器的设计方法,以此达到正常工况时驾驶员操作之下横摆角速度和侧偏角速度的目标值。

依靠前轮转向角度及横摆角速度,可以了解车速的变化,确保横摆稳定性,做到车辆横摆运动与侧向运动解耦与横摆阻尼。按照伟世通(Visteon)汽车动力性测试标准,装有伟世通线控转向系统的奥迪 A6 可以完成积雪道路的单移线测试,且能够实现横摆运动与侧向运动解耦、横摆阻尼。

重心高度与车辆侧倾动力学是两个重要的影响因素,在此基础上构建了商用车的双轮轨模型。反馈控制系统主要用来在汽车转向时减小外缘横摆对鲁棒单边解耦的影响,它会把横摆角度积分提供给前轮转向角度来实现鲁棒解耦,这样汽车在主动转向时不会发生侧翻;同时把侧翻速度提供给车轮转向角度,可以通过系统来限制转向角度,从而保障安全。

(2) 鲁棒控制方法

鲁棒控制方法主要用来在模型模糊以及有变化因素的情况下,保持系统的稳定性。该方法适用于参数变化等多种驾驶工况引起的模型不精确等问题。

有些电动汽车装配了轮毂电动机和线控转向系统,对于这类车辆可以选用鲁棒控制方法来控制前轮转向,其包含外环跟踪控制器和内环控制器,可以有效减小转向干扰输入。车辆动力学仿真软件 CarSim 证实了对转向盘转角阶跃输入工况施以横摆干扰后的控制效果,且研发了新型的以轮毂为驱动的电车,实车测试证实了在设定的轮胎区域内加强了汽车横摆的鲁棒性。

(3) 滑模控制方法

滑模控制系统是一个动态结构,会随着系统状态不断发生变化。滑动模态与扰动以及对象参数没有关联，其特点是快速响应且不受扰动与参数变化影响，不用通过系统识别，物理实现较为简单。

自适应滑模控制是非线性的，其对于系统的非确定性较为迟钝，且无须准确定位非确定性界限就可以供给滑动增益。这样对于增益值的计算较少，负荷较低。不过，优化操纵性能要准确评估状态、很好地控制转向输入，二阶滑模观测器可以很好地做到以上两点，还能够对横摆角速度与转向角度进行测量。

在李雅普诺夫理论的基础上分析其鲁棒性，确保闭环的稳定性。仿真测试结果说明其优化了汽车操作性以及轮胎侧偏刚度问题导致的振动。九自由度汽车模型仿真测试结果说明：相较于符号函数滑模控制的汽车，受饱和函数滑模控制的汽车更为稳定，没有出现颤振现象。

（4）智能控制方法

由于以上方法建立的模型均是非线性的，研究人员开始运用神经网络模型结合自适应控制方法来应对转向系统建模的繁杂。试验证明这种自适应补偿器与非线性系统能够很好地互补。该控制方法还设计了多环控制架构，实现了转向盘内子系统的同步运行，还可以控制模型匹配，将主动观测器系统优化，使其多输入多输出。其所提出的随机策略要确保受侧风干扰小或受影响时系统稳定性好。

3.2.2 位移特性控制策略

传统的机械转向系统是一种在结构上使用了机械连接的汽车转向控制系统，通常具有转向角传动比不变的特点。也就是说，在传统的机械转向系统中，驾驶员在控制车辆转向时既不会改变转向操纵的力传递方式，也不会改变转向操纵的角传递方式。一般来说，当车辆处于低速行驶状态下时，驾驶员需要通过不断输入较大的方向盘转角的方式来提高操纵强度；当车辆处于高速行驶状态下时，车辆的转向灵敏性较高，为了保证行车安全，驾驶员的精神需要高度集中，因此驾驶员的精神负担较重。

在传统的机械转向系统当中，悬架、轮胎和转向系统的非线性特性具有固定性的特点，而汽车的转向特性通常会受路面环境、转向盘转角和车速等因素的影响而不断变化。对驾驶员来说，需要通过频繁调整方向盘转角的方式来确保行车轨迹符合自身实际需求，因此驾驶负担较重，车辆行驶环境也会影响操纵的稳定性，当车辆驶入较为恶劣的环境中时，可能会因操纵稳定性不足而发生危险。

与传统的机械转向系统相比，SBW 系统具有力传递和位移传递解耦的优势，能够分别对系统的力传递特性和位移传递特性进行设计。概括而言，SBW 系统的位移特性控制主要包括如表 3-1 所示两种方式。

表3-1　SBW系统的位移特性控制

控制方式	具体方法
变传动比控制	变传动比控制需要先采集转向盘转角和系统传动比等数据信息，并据此计算出汽车的前轮转角，再设计转角跟踪控制器，控制电机的输出扭矩，并根据汽车的前轮转角对其进行跟踪
稳定性控制	也叫主动转向控制，需要先利用转角输入指令、扭矩输入指令、车辆行驶状态等信息来计算出横摆角速度、质心侧偏角和侧向加速度等具体的控制目标，明确转向电机的电流和电压，再借助执行机构实现对转角的主动跟踪

下面我们对 SBW 系统的位移特性控制技术进行简单分析。

（1）可变转向角传动比

SBW 系统能够根据驾驶员对车辆的转向特性的要求来设计转向角传动比，控制转向角变化，并维持稳态横摆角速度增益的数值不变，明确转向盘转角和道路行驶角之间的线性关系，为驾驶员控制汽车转向提供方便。不仅如此，在汽车转向过程中，驾驶员也可以利用 SBW 系统来提高预瞄判断的精确度，以便及时根据自身要求调整汽车的行驶轨迹，充分确保操纵的稳定性。

SBW 系统能够根据汽车的行驶速度来调整控制重点，并针对实际工况和具体的系统要求确定角传动比。

当汽车在低速行驶状态下进行转向时，SBW 系统会将控制重点放在轻便性方面，并提高转向盘的灵敏性，因此转向盘转角范围和转向角传动比都可以适当减小，以便减少驾驶员在驾驶车辆时耗费的体力。从前轮在汽车转向过程中所能到达的极限位置来看，SBW 系统应该确定出一个数值最小的转向角传动比。

当汽车在高速行驶状态下进行转向时，SBW 系统会降低转向盘的灵敏性。汽车的驾驶员在控制车辆转向时需要加大角传动比，缩小前轮转角，以便降低由误操作造成的不利影响，提高操作的稳定性，让驾驶员能够有更多的时间判断汽车的行驶状况并做出相应的操作，进而降低驾驶员的操作难度，减少驾驶员在控制车辆高速行驶时所承受的压力。从汽车转向的灵敏性来看，SBW 系统应该确定出一个数值最大的转向角传动比。

一般来说，普通驾驶员所要求的汽车转向增益通常处于 0.12～0.37 之间，驾驶技能较为熟练的驾驶员所要求的汽车转向增益通常处于 0.21～0.42 之间。传动比及转向增益随车速的变化如图 3-10 所示。

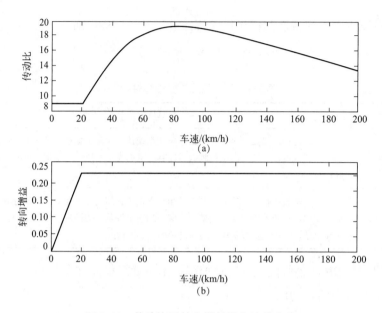

图 3-10 传动比及转向增益随车速的变化

除此之外,当汽车处于行驶状态时,SBW 系统还需要借助二维差值拟合的方式来处理可变转向角传动比的车速和转向盘转角,建立转向角传动比与车速、转向盘转角的三维图,以便将可变转向角传动比应用到控制器当中;同时也要利用控制器来计算转向角传动比,明确前轮转角的数值,进而有效控制可变转向角传动比。转向角传动比与车速、转向盘转角的三维图如图 3-11 所示。

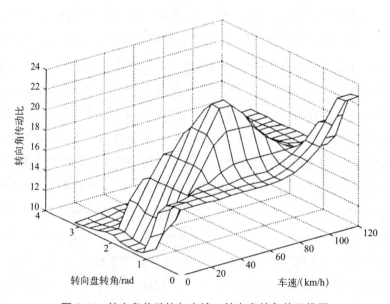

图 3-11 转向角传动比与车速、转向盘转角的三维图

（2）主动转向控制

当汽车处于行驶状态时，过度转向可能会破坏车辆的稳定性，因此大多数汽车往往采用中性转向或弱的不足转向的方式来完成转向操作。对汽车来说，转向轮转角的变化会改变轮胎侧向力和车辆的横摆力矩，为了确保车辆在雨雪天等不良环境中也能按照期望路径行驶并保持弱的不足转向，SBW系统需要充分利用车辆状态反馈信息来实时动态调整转向盘转角，补偿横摆力矩，进而实现对车辆的稳定性控制，确保车辆能够在弱的不足转向特性内按照驾驶员所期望的行驶路线安全稳定行驶。

具体来说，汽车在行驶过程中通常会出现以下两种情况：

① 当汽车出现过大的不足转向趋势时，SBW系统中的稳定性控制器将会在充分了解车辆状态反馈信息的前提下利用转角跟踪控制器来对汽车的转向执行电机进行控制，实现与转向盘转向完全相同的正的前轮转角补偿。

② 当汽车出现后轮侧滑趋势过度转向时，SBW系统中的稳定性控制器在明确车辆状态反馈信息的基础上利用转角跟踪控制器来控制汽车的转向执行电机，为汽车提供与转向盘的转向相反的负的前轮转角补偿。

（3）综合反馈控制主动转向策略

汽车操纵稳定性主要涉及行驶方向的稳定性和行驶轨迹跟踪两部分内容。其中，行驶方向的稳定性就是汽车的转向响应情况，通常可分为转向不足、中性转向和过度转向三种情况，汽车行驶方向的稳定性能够体现在横摆角速度当中；行驶轨迹跟踪就是计算汽车的实际行驶轨迹与期望行驶轨迹之间的偏差，通常能够体现在汽车的质心侧偏角当中。

横摆角速度和质心侧偏角与地面对轮胎的反作用力息息相关，SBW系统需要利用补偿车轮转角的方式来改变地面对轮胎的反作用力，进而有效控制横摆角速度和质心侧偏角。当汽车处于低速行驶状态下且质心侧偏角较小时，汽车的转向系统只需凭借单一的横摆角速度反馈控制就能保证汽车操纵的稳定性；当汽车处于高速行驶状态下且质心侧偏角较大时，汽车的转向系统难以仅凭横摆角速度来控制汽车稳定行驶。

由此可见，SBW系统可以通过综合利用横摆角速度和质心侧偏角的方式来实现对车辆稳定性的有效控制。具体来说，SBW系统既可以在汽车的质心侧偏角较小时控制横摆角速度，也能在汽车的质心侧偏角较大时及时对横摆角速度进行调整，进而达到充分确保汽车的稳定性的目的。

3.2.3 转向力矩控制策略

汽车转向系统能够实现的功能主要有两个方面：一是转向力矩控制，即驾驶员施加给转向盘的力通过转向系统分析、传递、放大，从而控制转向轮绕主销转动；二是反馈路感，路感即驾驶员操控车辆时对车辆运行状态（包括运动速度和方向、行进的平稳程度、受力情况等）的感知。前者由驾驶员发起，作用于车辆；后者是车辆对驾驶员操作动作的反馈。汽车转向的过程实际上是实现良好的"人—车—路"闭环控制的过程。

下面我们首先对转向力矩控制进行简单分析。

驾驶员操作车辆进行转向的过程中，转向盘传递给驾驶员的力矩反馈与车速、转向盘转角、车轮对路面的附着情况等因素密切相关。在进行 SBW 转向盘力矩模型设计时，需要充分考虑反馈力矩、限位控制力矩、主动回正力矩和机械结构间的阻尼控制力矩、摩擦力矩等，这些力矩共同作用于转向盘上，使驾驶员对车辆状态有更清晰的感知。

（1）反馈力矩

根据现有研究成果来看，转向盘力矩是车运行反馈力矩的最主要体现，它与转向盘转角、车速、侧向加速度等要素有着紧密联系，这些要素在不同车辆运行状态下所反馈力矩的情况是不同的。

当车辆处于低速运动的状态时，侧向加速度对反馈力矩的影响作用较小，而转向盘转角变化对反馈力矩的影响作用大，驾驶员可以据此清晰地感知到车辆运行状态。因此，在这一状态下，车速信息和转向盘转角信息在路感设计中所占权重较大。

当车辆处于高速运动的状态时，转向盘转角的变化对侧向加速度的影响将变大，如果要使车辆保持稳定性，转向盘转角只能在较小的范围内变化。同时，侧向加速度成了反馈力矩的主要影响因素，驾驶员对侧向加速度的变化也更为敏感。因此在路感设计时需要重点考虑车速和侧向加速度对转向盘力矩的影响，这也是保证驾驶安全性的基础。

当车辆处于低速与高速之间的运动状态时，转向盘转角和侧向加速度都是转向盘反馈力矩的影响因素，且车速越大，转向盘的反馈力矩也就越大。在进行路感设计时，需要对这两个因素进行综合考虑。

（2）摩擦力矩

摩擦力矩普遍存在于各种机械结构中，车辆的转向系统中的摩擦力矩是构成转向反馈力矩的重要方面。在 SBW 系统中，由于转向管柱与转向器断开了连接，因此其摩擦力矩主要来源于转向盘总成。同时，该摩擦力矩主要取决于转向管柱的装配情况，力矩数值较小且相对固定，在设计过程中可以作为常数参与到力矩模型的计算中。

（3）阻尼控制力矩

车辆在高速行驶的过程中，即使只发生了轻微的转向误操作，都可能导致车辆偏离正确车道或出现失稳现象。为了降低安全风险，通常在转向盘力矩模型中引入阻尼控制力矩，该力矩有利于在驾驶员双手离开转向盘的情况下控制转向盘回正速度，从而缓解转向盘回正过程中出现的抖动、超调现象。阻尼控制力矩的大小通常与转向盘角速度呈正相关的关系。

（4）限位控制力矩

限位控制是指对车辆转向盘可以转动的角度进行限定，并使驾驶员在转向过程中明确限位提示，从而控制转向动作。就传统的转向系统来看，其转向管柱与转向器依靠机械结构连接，当转向盘到达最大角度时将自动停止，驾驶员对可转向范围有明确的感知。而在 SBW 系统中，需要重新设计限位装置，以模拟出与传统限位系统相似的、符合驾驶习惯的触感，从而提高驾驶安全性。

现阶段，SBW 系统的限位控制主要通过两种方式实现：

① 机械限位：原理与传统限位控制相同，通过在可转动的最大角度的位置加装机械结构，以限定转动范围；

② 软件限位：这是一种数字化的限位方式，具体做法是将所编写的限位控制程序集成到车辆控制系统中，如果转向盘的运动超过了限定转向角度，控制系统能够及时驱动电机对转向盘施加与转向方向相反的力矩，使转向盘停止转向。与机械限位相比，软件限位凸显了 SBW 系统在角传动比方面自由设计的优势，有利于使路感设计更为多样化。

（5）主动回正力矩

转向系统的回正力矩主要受到车轮定位参数和地面对转向车轮的反作用力的影响，这些反作用力来自垂直、侧向与横向三个方向。该力矩的变化可以精确反映路面平整程度、路面附着系数、前轮转角、转向速度或车速等要素的变化情况。而由于 SBW 系统中的转向盘与转向器不通过机械结构连接，转向盘并不会在转向力矩停止做功后自动回正，由此需要为转向盘设计相应的主动回正控制系统。

目前，SBW 系统中的转向盘主动回正控制主要是通过路感电机实现的。主动回正力矩的设计通常以控制左右车轮转向角度的偏差为基础，在相关函数模型中，主动回正力矩数值随着转向盘转角与目标回正转角差值的增大而增大。同时，由于回正过程中可能存在阻尼控制力矩，因此需要将该力矩数值也纳入函数运算，以获得准确的主动回正力矩数值。

3.2.4 路感模拟控制策略

根据上述对 SBW 系统中转向盘力矩的分析，我们已经对相关控制策略有了初步了解，下面将对 SBW 系统的路感模拟控制策略进行简要介绍。根据运用原理的不同，路感模拟控制策略主要有四种，其特点如表3-2 所示。

表3-2　SBW系统的路感控制策略及其特点

内容	主要控制策略		特点
	名称	说明	
反馈力矩估计	传感器测量法	齿条力矩传感器测量法	附加传感器测齿条力矩	控制器简单易用，传感器精度和成本较高；存在传感器安装困难和增加系统导致成本高等问题，在实际应用中较少
		（单）电流测量法	通过测量得到汽车转向电机电流，进而得到齿条力，反馈给路感电机	可以直接测量得到电机电流
	动力学模型估计	利用车辆动力学模型和轮胎模型计算转向行驶过程中轮胎回正力矩，进而得到路感反馈力矩	估计准确，对模型和控制器要求较高；使用车辆动力学模型计算方法代替安装传感器，通过轮胎力和拖距等参数计算转向系统路感反馈力矩
	参数拟合	1. 函数曲线 2. 模糊控制	控制器设计简单、效率高，但适应不同工况的能力较差
	混合算法估计方法	结合（单）电流测量法、动力学模型估计和参数拟合的混合算法，对实际路面工况有较强的适用性	避免了由于缺少状态参数而产生的稳定性较差的问题，同时也弥补了回正力矩反馈模块缺失而导致路感不真实的缺点，不仅能够稳定反馈路面的信息，而且能实现低速转向轻便与高速转向稳定的效果

（1）传感器测量法

该方法主要通过测量齿条力矩或转向电机电流量来获取转向反馈力矩。

由于齿条力矩包含轮胎转向力矩、与地面的摩擦力矩、回正力矩等信息，因此可以对齿条力矩进行测量，并通过滤波处理来获得较为精确的反馈力矩数据。

所测量的转向电机电流与路面负载存在等效关系。SBW 系统感受到的反馈力矩来自车辆在转向过程中受到的回正力矩和整个机械结构的摩擦力矩。其中，回正力矩又涵盖了转向系统的惯性力矩、轮胎与地面间的阻力矩，以及轮胎和主销定位产生的力矩。反馈力矩的变化与车速、轮胎特性和路面附着条件等因素密切相关。

根据 SBW 系统收到的反馈力矩情况，转向电机输出的力矩实际上需要克服的就是这一系列反馈力矩。通常，我们可以在转向电机力矩输出机构中引入电流环设计，并基于通过校准、建模所建立的电流与力矩之间的函数关系，估算出与电流值对应的齿条反馈给路感电机的力矩数值。转向电机电流与车速、力反馈电机电流三者的关系模型如图 3-12 所示。

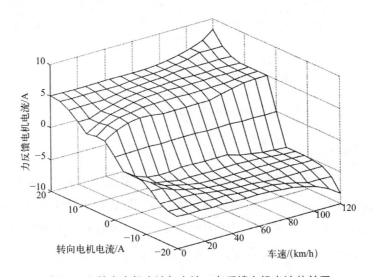

图 3-12 转向电机电流与车速、力反馈电机电流的关系

同时，为了提高反馈力矩的估算精度、避免阻力变化干扰降低转向盘稳定性，可以在电流环设计的基础上增加阻尼控制，通过调节力矩反馈系数，实现较为精确的 SBW 系统路感模拟。转向电机电流等效路面负载控制策略的基本框架如图 3-13 所示。

（2）参数拟合

参数拟合法是一种依靠经验数据设计路感反馈的方法，即根据车辆运行状态数据与路感反馈力矩之间的关系来设计路感模拟策略。该方法需要利用传感器测量车速、转向盘转角、侧向加速度等数值，并根据这些数值来确定与路感反馈力矩相联系的函数模型，通过调整减小模型误差，调整后要对模型准确度进行验证，最终达到模拟路感的设计目的。该方法中，为了达到对复杂系统的估算要求，需要注意采集数据的质量。

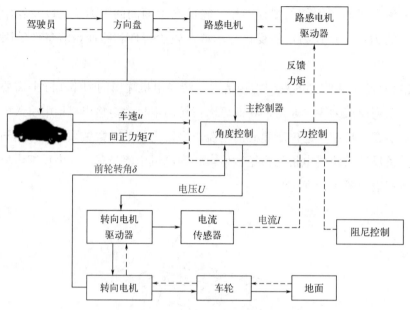

图 3-13　转向电机电流等效路面负载控制策略

（3）动力学模型估计

这一方法主要基于车辆动力学模型和轮胎受力模型进行反馈力矩估算，其中涉及驾驶员转向盘输入力矩、车辆动态响应状态等，通过估算轮胎回正力矩及其应补偿的反馈力矩，获得较为准确的反馈力矩数值。该方法能够更好地适应不同驾驶员的驾驶习惯和车辆状态，是目前研究、应用的主要方向。基于动力学模型的路感反馈控制的基本原理如图 3-14 所示。如果按照模块功能划分，该方法涉及两个层次，分别为目标路感反馈力矩的计算和反馈力矩数值的执行。

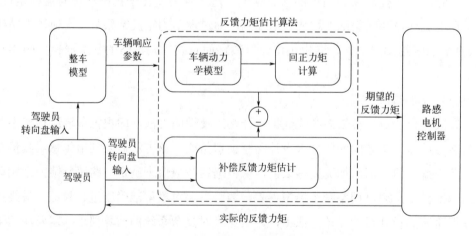

图 3-14　基于动力学模型的路感反馈控制原理图

3.3 线控转向系统容错技术与故障诊断

3.3.1 线控转向系统的故障分析

在进行线控转向系统的故障分析时，我们需要注意：该系统一般情况下出现的均是某个部件故障，两个及两个以上部件同时出现问题的概率比较小，在分析和研究中多个部件出现故障的可能性可以忽略不计。线控转向系统的故障主要分为以下四个类型。

（1）执行器故障

线控转向系统的执行器在通常情况下是电机，电机出现故障的原因很多。表3-3列举了线控转向电机可能出现的故障。

表3-3 电机故障

故障类型	发生概率	对系统影响度
电机绕组断相	低	高
电机绕组短路	低	高
开关管断路	高	高
开关管短路	低	高
供电电源失效	中	低
位置传感器失效	中	低
控制芯片失效	低	低
上述故障混合出现	低	高
电流传感器信号异常（电机、母线）	低	低
旋变信号异常	低	低
母线电压采集异常	低	低
温度传感器异常（IGBT/电机）	高	高

① 当电机绕组产生断相问题时，可凭借各相中的电流传感器监测到这一故障，此时应及时将和此相连接的开关管关闭。

② 端子短路和开关故障都会造成完整或部分的绕组短路，这是电机驱动里最为严重的故障中的一种。当出现这种故障时，电流能够依靠增加绕组的自感进行控制，把短路产生的故障电流管控为额定稳态电流。若是完全短路故障，且其在电流

传感器之前产生，那么可依靠控制器来监测这一故障并对其进行控制。不过若出现匝间短路，则无法消除此类情况。只能够通过关闭电机的短路故障相且将剩余相位的利用最大化来使电机继续工作。

③ 与电机绕组断相故障相似，逆变器开关的开路故障也可采用关闭相应的开关来解决。

④ 逆变器二极管短路、逆变器开关短路故障和电机绕组短路的情况十分接近，处理故障的措施相近，即关闭另一开关来解决这种故障。

⑤ 线控转向系统中尤为常见的一类故障便是电源故障，这种故障的应对措施为采取多个而非单个电气隔离电源用于驱动器的核心部分。

⑥ 要想解决位置传感器的故障，可以采用两个传感器一同检测，运用传感器的并联式冗余来规避位置传感器故障造成的电机运转故障；速度传感器故障的处理措施也可以参照此方法。

通过以上对线控转向电机故障类型的介绍，我们可以看出：该电机子系统庞杂，在网联化、数字化迅猛发展的背景下，众多子系统都是由电气元件和连接线缆构成的，这就使得电机硬件发生故障的概率大增，因此预先做好硬件的冗余配置是必要且关键的，这样可以在很大程度上规避装置单一造成的电机故障。

（2）传感器故障

车速传感器可以实时检测汽车的行驶速度，扭矩传感器则用于检测转向盘上的输入扭矩。汽车的"行车电脑"ECU 会同时接收以上两个信号并按照其内部的控制策略进行计算，进而得出合适的目标助力力矩，然后将其转化成电流指令并传送给电机。表 3-4 列出了扭矩传感器可能的故障类型。

表3-4 扭矩传感器故障

故障类型	发生概率	对系统影响度
短路	低	高
开路	低	高
电压过高或过低	低	低
信号混入	高	低
机械故障	低	高

转速传感器可以检测转向电机和车辆轮胎的转速，并将其信号传送给汽车的电子控制单元，电子控制单元会按照电机转速和当前的车速来对转向力矩等进行决策。表 3-5 列出了转速传感器可能的故障类型。

表3-5 转速传感器故障

故障类型	发生概率	对系统影响度
短路	低	高
开路	低	高
与ECU断开	低	低
信号混入	高	低
机械故障	低	高

（3）通信总线故障

通信总线传递着各个执行器与传感器的有用信息，使得各个机构之间紧密配合，高效地完成控制指令。表3-6列出了通信总线可能的故障类型。

表3-6 通信总线故障

故障类型	发生概率	对系统影响度
接头接触不良	高	高
开路	低	高
外部屏蔽受损	低	低
信号混入	高	中
CAN初始化故障	低	高
CAN发送超时故障	低	高
CAN接收超时故障	低	高

（4）电源故障

通常情况下，线控转向系统的电源为蓄电池，其电压为12V，主要凭借电源芯片和多种直流转换器为通信总线、传感器以及执行器输电。日后，线控转向系统会不断更新迭代，其电压等级也会逐步提高到42V。表3-7列出了可能的电源故障类型。

表3-7 电源故障

故障类型	发生概率	对系统影响度
机械损伤	低	高
开路	低	高
短路	高	高
电源芯片失效	低	高

3.3.2 线控转向系统容错技术

与传统转向系统相比,线控转向(SBW)系统有着更高的技术要求。当然,SBW系统也存在局限性:由于转向盘与转向轮之间采用电子控制而不再通过机械结构连接,同时电子设备的鲁棒性要低于机械结构及其液压部件,因此对电子部件故障情况的感知无法像传统机械结构那样直接迅速,所以需要引入某种预警保障机制,对可能发生的故障或错误及时预警。故障诊断与容错技术在SBW系统中发挥了重要作用,该技术可以快速以容错方式处理传感器、电控单元或执行机构的故障,从而保障系统的安全性。

容错技术一般是基于冗余原则发挥作用的。相关冗余方案可以分为主动冗余方案与被动冗余方案:主动冗余方案中的冗余部分与系统并行工作;被动冗余方案的冗余部分则作为备份,主要在系统故障时发挥作用。根据容错原理不同,SBW系统的容错方法主要可以分为基于硬件备份的冗余容错方法和基于软件算法的冗余容错方法。

(1) 基于硬件备份的冗余容错方法

SBW系统的一个重要结构就是硬件冗余容错结构,该结构会把电源、电机、电子控制单元、传感器以及通信网络等容易产生故障的硬件做备份,备份与原装置功能相同,且可以做到同时工作,也可以根据需要只用一个工作,另一个待命。这种备份设计有助于提高线控转向系统的容错性能。

这种容错方式是以物理设计作为基础的,主要运用错误检测和多重冗余来提高车辆驾驶的安全性。举例来讲,在一辆车的控制模块里可以装配多个处理器,并使其同时工作,相互验证,这时其中若有一个处理器产生故障,其余的还可以照常运行,以保证车辆的正常行驶。除此之外,对于一些用来控制信号的传输线路,可以采用校验码检测方式,规避信号传输中的失误;如果遇到信号干扰等情况,可通过隔离、屏蔽等手段来保证信号的顺利传输。

例如,由日产(Nissan)公司推出的量产车型英菲尼迪Q50首次采用了线控主动转向(direct adaptive steering,DAS)系统。该系统在转向执行电机部分使用双电机驱动,并配置了三个ECU单元。这三个ECU单元独立分布但又是彼此互通的,每个ECU单元都可以监控另外两个的运行状态,如果其中一个发生故障,剩下两个ECU也能够完成相关数据的处理任务并保证转向控制的安全性;即使所有ECU都发生故障,系统也可以通过离合器实现机械转向控制的切换。

(2) 基于软件算法的冗余容错方法

容错控制中有一种比较关键的方法就是算法容错,是指在设计算法的过程中提高其容错能力，以此保障车辆的安全行驶。而基于软件算法的冗余容错方法就是对控制器的容错算法进行设计以改进系统的冗余度，从而提升系统的容错性能。在设计 SBW 系统时可通过丰富多样的算法来控制车辆运动，如模糊控制算法和 PID 算法等。我们也可以在算法中添加检测机制，检测控制信号是否在规定范围之内，算法会将检测结果用于调节控制信号，以免车辆产生故障。

通过容错算法可以使系统整体的冗余度得到大幅提升，进而优化其容错功能，这样不仅可以改善软件对本身故障的处理，也有助于软件对系统中出现的各种问题及时处理。这种方法在不增加设备且不改变结构的基础上控制出现故障后那些照常工作的装置。一旦有个别装置出现问题，可以依靠采集实时数据来定位问题出现的位置以及类型，之后整合其他照常工作的装置，互相协调配合，使系统正常运行。

3.3.3 双转向电机冗余同步控制

硬件冗余容错的方法虽然具有较高的可靠性，但装配过多冗余硬件容易造成系统结构复杂，并带来更高的装配、调试、维护成本。为了在控制成本的同时又保证容错性能，往往采用软件冗余与硬件冗余相结合的方法进行容错控制。日本汽车零部件厂商捷太格特（JTEKT）研发的 SBW 系统的两倍硬件冗余容错结构示意图和 E/E 架构框图如图 3-15、图 3-16 所示。

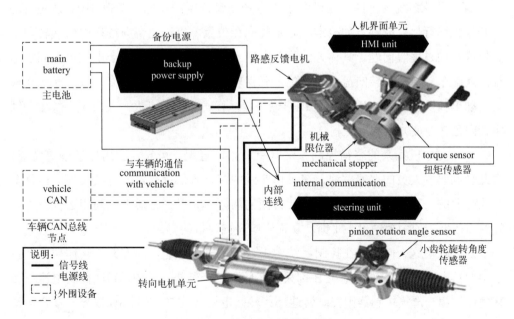

图 3-15　硬件冗余容错结构示意图

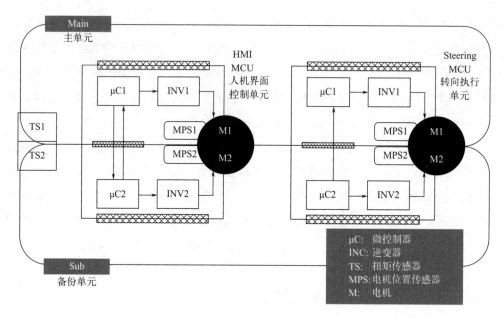

图 3-16　E/E 架构框图

在该冗余容错结构中，包含有 E/E 架构的电气电子系统冗余。如果其中一个电子控制单元发生故障，则另一个正常工作的单元可以独立完成运算任务。如果两个单元都发生故障，则该部分停止运行。此外，系统配有备用电源，如果主电源发生故障，备用电源可以继续供电以保证 E/E 系统正常运行。

为了提升系统安全性，还设置了固定转向盘位置的功能，即在 SBW 系统启动前和停止运行后，能够自动校准、固定转向盘位置，以避免转向过程中出现转向不到位或转向过度等问题。具体方法是：车辆点火开关开启后，两个电控单元同步运行，匹配车轮转角和转向盘角度相位，确保转向盘与车轮转角角度一致；匹配完成后启动车辆发动机、SBW 等系统；车辆停止运行——关闭点火开关后，系统自动锁定转向盘（角度）后结束控制。

双转向电机冗余的容错控制方法具有简单、直观、可靠、应用性较强等特点，由此受到研发人员的普遍关注，在具体实践中多以备份执行器的方式实现。但是多个执行器的安装也可能带来同步运行方面的问题，如果执行器不能同步运行，可能导致力矩冲击或力矩输出不平衡，从而影响转向电机的寿命。

为了解决这一问题，在控制系统中引入了双电机智能控制方案，具体如下：系统中的转向电机 A 和转向电机 B 都采用三闭环控制结构，其中，PID 控制电流环和转角环，第一滑模控制器则控制转速环；转向电机 A 与转向电机 B 以交叉耦合补偿控制的结构连接，二者转速的差值经过第二滑模控制器，控制器根据差值输出对应的控制信号并传递到电流环,从而调整电机转速,使两个电机的转速达到一致。该控制方法的原理如图3-17所示。

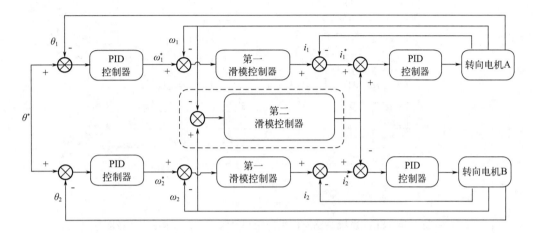

图3-17 双转向电机转速同步控制原理图

θ^*—理想电机转角;θ_1、θ_2—电机A、电机B转角;ω_1^*、ω_2^*—电机A、电机B理想角速度;ω_1、ω_2—电机A、电机B角速度;i_1^*、i_2^*—电机A、电机B理想电流;i_1、i_2—电机A、电机B电流

3.3.4 路感反馈反作用力矩控制

车辆在转向过程中,驾驶员可以通过转向盘感知到车轮、转向系统等反馈的阻力矩,即所谓的"路感"。路感是驾驶员了解汽车运行状态、路面情况等信息的基础,清晰、明确的路感有利于提高驾驶安全性和稳定性。SBW系统辅助转向的过程与传统汽车转向不同:驾驶员获取的路感并非来自传统机械结构的力矩传递,而是来自ECU系统中的路感电机生成的模拟力矩。

路感电机在运行过程中存在故障风险,如果发生故障,驾驶员感受到的转向反馈力矩就不准确,从而难以控制转向盘与车辆维持正确的转向角度(例如过度转向或转向不到位等),由此产生驾驶安全风险。因此,为了保证驾驶员获取准确的路感反馈、保障驾驶安全性,通常会配置相应的路感冗余系统。下面以丰田汽车公开的SBW系统为例进行简要分析。

在图3-18所示的SBW系统路感反作用力控制单元的E/E冗余结构示意图中,包含路感力矩反馈第一单元和第二单元,两个单元相互独立但具有相同的结构和工作原理,都由控制单元控制,都可以将所生成的反作用力矩 T_R 传递给转向盘,从而使路感冗余系统中的路感反馈电机在主电机发生故障时替代该电机完成反作用力矩反馈的任务。

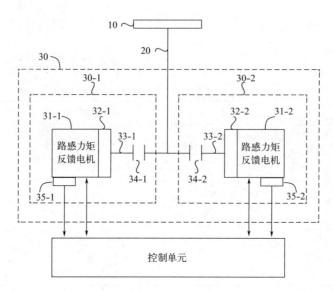

图 3-18 SBW 系统路感反作用力控制单元的 E/E 冗余结构示意图

10—转向盘；20—转向轴；30—路感力矩反馈单元；30-1—路感力矩反馈第一单元；
30-2—路感力矩反馈第二单元；31-1、31-2—路感力矩反馈电机；32-1、32-2—减速器；
33-1、33-2—输出轴；34-1、34-2—传动机构；35-1、35-2—异常检测传感器

正常情况下，第一单元的路感电机转子产生的路感反作用力矩 T_R 经由减速器、输出轴和齿轮等传动机构传递到转向盘，实现对转向盘的力矩反馈。在运行过程中，路感电机电流传感器将检测到的电流信号实时反馈给控制单元，如果控制单元接收到来自传感器的故障信号，则将控制冗余备份结构——第二单元的路感电机转子正常输出路感反作用力矩 T_R，以实现转向盘的力矩反馈。

根据路感反馈系统输出的路感反作用力矩 T_R 和转向操纵角 θ 的关系，我们可以获得如图 3-19 所示的路感反馈系统反作用力矩特性曲线图。反作用力矩特性可能存在若干种情况，它随着控制单元对路感电机运动的控制而变化。

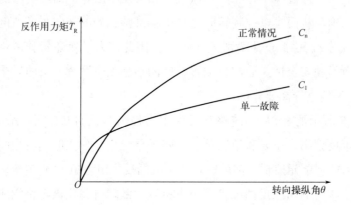

图 3-19 路感反馈系统反作用力矩特性曲线图

在第一单元和第二单元均正常运行的情况下，控制单元将至少控制其中一个单元的路感电机产生力矩，其反作用力矩特性变化情况可以表示为曲线 C_n。通常，随着反作用力矩 T_R 和转向操纵角 θ 的增加，正常特性曲线 C_n 呈上升趋势，驾驶员通过转向盘感知到该反馈扭矩后，调整转向动作以控制转向操纵角 θ 处于正确角度，实现车辆安全、顺利地转向。

两个单元中的一个发生故障时，控制单元将控制另一正常运行单元的路感电机产生力矩，其反作用力矩特性变化情况可以表示为单一故障（single failure）特性曲线 C_1。该曲线的走势也随着反作用力矩 T_R 和转向操纵角 θ 的增加而上升，但上升幅度小于正常特性曲线 C_n，这意味着当其中一个动力单元故障时，虽然转向操纵角 θ 持续增大，但反作用力矩 T_R 的增长趋势并不明显，此时驾驶员感知到的路感反馈与正常情况是不同的，从而能够识别出路感反馈系统出现了某种故障。

路感反馈系统的运行不仅存在完全正常和单一故障的情况，还存在"双重故障"（double failure）的情况，即第一单元与第二单元均出现故障，其反作用力矩特性曲线可以用 C_2 曲线表示，如图 3-20 所示。

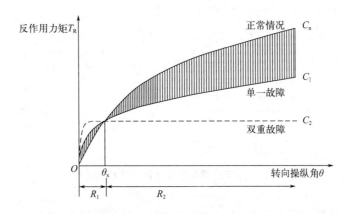

图 3-20 路感反馈系统"双重故障"反作用力矩特性曲线图

在双重故障的情况下，虽然控制系统无法控制动力单元产生反作用力矩 T_R，但仍然存在由减速器形成的机械摩擦力矩。根据双重故障特性曲线 C_2 的变化趋势可以看出，随着转向操纵角 θ 增加，反作用力矩 T_R 的增长几乎为零。

需要注意的是，图 3-20 中表示出了正常特性曲线 C_n、单一故障特性曲线 C_1、双重故障特性曲线 C_2 三条曲线在转向操纵角 θ 达到规定值 θ_x 时的交叉点，R_1 段表示的转向操纵角范围为 0 至规定值 θ_x，R_2 段表示的转向操纵角范围则大于规定值 θ_x。

当转向操纵角处于 R_1 段时,单一故障特性曲线 C_1 处于正常特性曲线 C_n 上方,处于双重故障特性曲线 C_2 下方。这说明当转向操纵角达到 R_1 段的某一个点时,单一故障情况下的反作用力矩 T_R 总是大于该点在正常情况下的反作用力矩,并总是小于相同点在双重故障情况下的反作用力矩,即 $C_2 > C_1 > C_n$。

另一方面,当转向操纵角处于 R_2 段时,单一故障特性曲线 C_1 处于正常特性曲线 C_n 下方,处于双重故障特性曲线 C_2 上方,这说明当转向操纵角达到 R_2 段的某一个点时,单一故障情况下的反作用力矩 T_R 总是小于该点在正常情况下的反作用力矩,并总是大于相同点在双重故障情况下的反作用力矩,即 $C_n > C_1 > C_2$。

从实际操作情况来看,路感反馈系统出现双重故障时,转向盘所受到的反作用力矩最小,因此操纵起来也更为容易。根据路感反馈系统的运行原理,我们可以绘制出以下反作用力矩控制流程图,如图 3-21 所示。

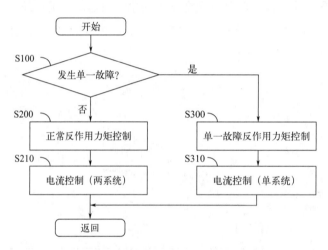

图 3-21 路感反馈系统反作用力矩控制流程图

反馈系统的程序运行需要过 S100—S200—S210 或 S100—S300—S310 等步骤,路感反馈力矩产生单元的运动信息输入至控制系统后,系统在步骤 S100 判定两个单元是否发生单一故障:如果没有故障,则进入步骤 S200,进行通常正作用力矩控制,继而进入步骤 S210;如果判定发生单一故障,则进入步骤 S300,进行单一故障反作用力矩控制,继而进入步骤 S310。

具体来说,进入步骤 S200 后,控制单元根据车速和转向操纵角计算出符合正常特性曲线 C_n 的目标反作用力矩数值,并通过控制其中一个路感反馈力矩产生单元的电流,来获取目标反作用力矩(即步骤 S210);而进入步骤 S300(单一故障情况)后,控制单元根据车速和转向操纵角计算出符合单一故障特性曲线 C_1 的目标反作用力矩数值，并控制能够正常运行的路感反馈力矩产生单元的电流，以获取目标反作用力矩（即步骤 S310）。

3.4 电动助力转向系统（EPS）

3.4.1 EPS 系统的工作原理与分类

电动助力转向（electric power steering，EPS）系统的应用推广是汽车转向技术发展的重要趋势。该系统与传统的液压转向系统相比有着显著优点，例如由于其转向动力来源于电动助力机，因此系统结构得以大幅简化，不再配置动力转向油泵、传送带、软管和液压油容器等零部件，既节省空间，又节约能量，整体设计向环境友好型转变。同时，装配过程灵活便捷，能够适应多种工况。基于上述诸多优势，该系统受到了许多厂商和消费者的青睐，动力革新对传统的液压转向系统有着颠覆性意义。

电动助力转向系统相关理论大约产生于 20 世纪 80 年代中期，目前技术成熟度较高的主要有 TRW 转向系统和 Delphi Sagiaw（萨基诺）转向系统，后者在电动助力转向系统领域处于领导地位。大约在 20 世纪 50 年代，Delphi 公司就把液压助力转向系统推向市场，该系统在商务车和轿车领域的市场份额甚至达到 50%，这奠定了 Delphi 公司在汽车配件行业的重要地位。随着技术创新和市场竞争的发展，Delphi 公司又在汽车转向系统领域掀起了一场新的革命，电动助力转向系统成为该领域新的战略高地。

1988 年，日本的铃木公司（Suzuki）在自家汽车 Cervo 上装配了新研发的电动助力转向系统，该系采用电子控制。以此为契机，电动助力转向技术逐渐得到推广应用，不论微型轿车还是大型轿车或客车，都有相应的适配型号。当前，世界主要汽车生产商或汽车配件供应商，如日本的三菱、本田，英国的 Lucas，德国的 ZF，美国的 Delphi，都研制出了适应其车型的 EPS。

（1）EPS 系统的工作原理

电动助力转向系统适应了现代汽车机电一体化的发展趋势，相关应用技术有着巨大的进步空间。该系统主要由转向传感模块、车速传感器、转向助力电机、助力机械装置和微电脑控制单元组成。

该系统的工作原理如下：转向传感器负责采集转向盘位置和转向轴上转动力

矩两个信号，车速传感器负责采集车速信号，这些信号将实时输入ECU，ECU对信号进行综合分析，计算出转向方向及转向所需要的助力大小，并将指令以电流形式传递到控制器，控制器驱动电机实现对汽车的转向控制。控制单元的算法模型会影响转向控制的精确度，同时，传动机构的助力值来自对电机扭矩大小的调整，与传统方式相比有着更强的灵活性。电动助力转向系统的结构原理如图 3-22 所示。

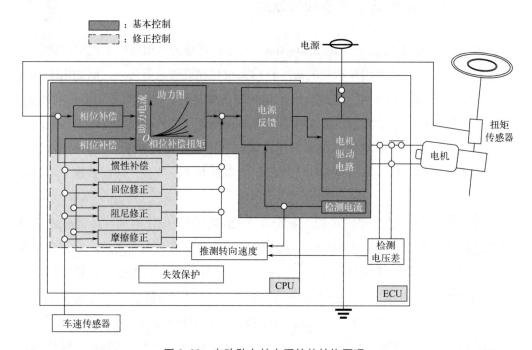

图 3-22　电动助力转向系统的结构原理

（2）EPS 系统分类

根据助力电机布置位置的差异，一般可以将电动助力转向（EPS）系统分为三种类型，分别为转向轴助力式（column assist）EPS、齿轮轴助力式（pinion assist）EPS 和齿条助力式（rack assist）EPS。

① 转向轴助力式 EPS。转向轴助力式 EPS 的电动驱动器安装在转向轴上，转向轴与减速机构相连，电动驱动器根据控制单元的指令，调整输出扭矩和方向，直接驱动转向轴以助力转向。具体结构如图 3-23 所示。

② 齿轮轴助力式 EPS。齿轮轴助力式 EPS 的减速机构、电动驱动器与小齿轮相连，通过驱动齿轮助力转向。与转向轴助力式 EPS 相比，它可以提供更大的转向助力和更为精确的控制性能。具体结构如图 3-24 所示。

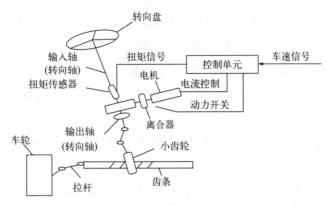

图 3-23　转向轴助力式 EPS

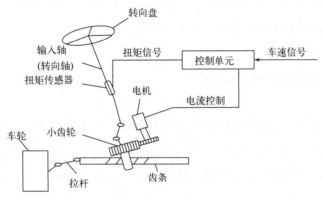

图 3-24　齿轮轴助力式 EPS

③ 齿条助力式 EPS。齿条助力式 EPS 不同于传统的转向传动机构，它通过减速机构和电动驱动器直接驱动齿条来提供助力。与齿轮轴助力式 EPS 相比，该结构可以提供更大的转向力，因此多用于大型车。具体结构如图 3-25 所示。

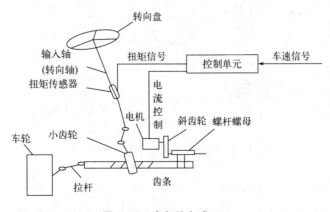

图 3-25　齿条助力式 EPS

电动助力转向系统集成了高性能的电机控制技术和现代化、智能化的电力电子技术，可以有力提高汽车静态性能和动态性能，改善运行状态，改善乘坐体验与舒适性，同时有利于减少环境污染。目前，相关技术在世界范围内受到了普遍重视，电子化、电动化将成为未来汽车转向系统发展的重要趋势。电动助力转向系统的显著优势具体体现在：

① 从设计、生产方面看，其系统结构精简，占用空间小，适配性强；产线装配灵活，有利于效率提升。

② 从转向性能方面看，整体性能优越，转向操作的稳定性更强，转向跟随性、回正特性有所改善，能够灵活调整转向助力值。

③ 从能源消耗方面看，以电能作为主要动力来源，更加清洁环保，有利于降低汽车整体油耗；适应了现代汽车产业的发展要求。

3.4.2 EPS系统的基本结构

电动助力转向（EPS）系统的基本结构涵盖了车速传感器、扭矩传感器、电子控制单元（ECU）、电机及驱动电路、减速机构、离合器等，实际上是在传统的机械转向机构的基础上增加了电子信号控制。其基本结构如图3-26所示。

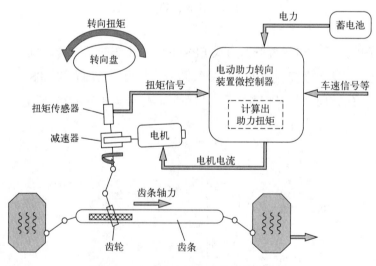

图 3-26　电动助力转向系统的基本结构

（1）车速传感器、扭矩传感器

在EPS中应用的传感器包括转速传感器、扭矩传感器和速度传感器等。转速传感器的作用是监测转向盘的旋转速度；扭矩传感器能够监测转向盘的运动状况；速度传感器主要用于测量车辆的运动速度。各类传感器测量到的转向盘转动角度、方向，或车辆速度等信息，将作为电子控制单元的输入信号支持其运算。

（2）电子控制单元（ECU）

电子控制单元在 EPS 系统中发挥着核心作用，目前数字化的电子控制单元是 EPS 系统的重点研究对象。电子控制单元的核心是一个八位或十六位的微处理器，其外围集成了输入信号接口电路、A/D 电路、电源等配件。ECU 基于所接收到的传感器及车辆总线的信号对助力电机进行控制，并且具有简单的存储、计算、故障诊断、预警等功能。

（3）电机及驱动电路

该部分也是 EPS 的关键部件之一，主要为系统提供动力支持，可以输出控制单元指令要求的扭矩。电机的性能在很大程度上影响了 EPS 的性能和安全性，因此对 EPS 的电机有着较高的性能要求，例如转动惯量小、波动小、低转速＋大扭矩、控制便捷等。根据工作原理不同，电机可以分为无刷永磁式电机和直流电机，二者对应的控制策略也有所不同。

（4）减速机构

减速机构通过减速增扭将电动机输出的力矩传递到动力辅助单元，从而实现电动助力。减速机构主要分为行星齿轮式、蜗轮蜗杆式和循环球螺母式，蜗轮蜗杆机构最为常见。

（5）离合器

EPS 的离合器能够在车辆行驶速度达到预定范围时发挥作用，通常装配在减速机构一侧。当车速超过某一预定值（例如 30km/h）时，离合器就会分离，促使电机停止工作，不再提供转向助力；如果电机发生故障，离合器也会自动分离，切换到手动转向，这可以避免电机或离合器的惯性影响转向系统。

EPS 的转向轴主要含有输入轴和输出轴两部分。当车辆发生转向时，转向盘给输入轴输入了一个角位移量，连接输入轴与输出轴的扭杆受到相对角位移的作用而发生旋转，扭矩传感器将检测到的扭矩转换为电信号传递到电控单元；电控单元根据扭矩传感器、转向传感器、速度传感器输入的力矩信号、转向方向及速度信号等，判断转向所需的力矩和方向。

如果所需力矩大于零，电控单元则根据策略模型计算出电机助力扭矩的大小并将指令信号传递给驱动电路，驱动电路向电机输出对应的电流、电压从而带动电机输出扭矩，蜗轮蜗杆传动装置将扭矩放大后作用在转向轴上，实现助力转向；如果所需力矩小于零或出现故障，则不再给电机供电，停止助力并切断离合器，进而转为手动助力。

3.4.3 EPS 系统的关键技术

电动助力转向系统的关键技术主要包括硬件和软件两个部分：

● 硬件部分主要包含电机、传感器和电子控制单元。电机即电动助力转向系统的执行器，系统表现主要受到电机性能的影响；传感器为系统提供运算所需的数据信号，通常有着较高的精度和可靠性要求；电子控制单元则发挥着运算中心的作用，其运算速度和准确度会影响汽车转向的安全性。

● 软件部分则可以分为控制策略系统和安全保障与故障诊断系统。前者通过快速运算获取电机控制所需的数据，通过电流传递输出相应的助力力矩；后者则实时监控系统运行状态，对异常状态及时预警并自动实施保护措施。

此外，汽车两侧的轮胎由转向横拉杆连接，转向横拉杆的作用是将来自转向摇臂的力矩传给转向节臂。由于拉杆要受到压力和拉力的作用，因此为了保证其质量和安全性，通常采用优质特种钢材制造。车辆在运行过程中，坑洼不平的地面可能造成悬架弹性变形，进而导致车架跳动，因此，转向直拉杆、转向摇臂、转向节臂三者间的相对运动属于空间运动。为了避免运动干涉、保证力矩传递的稳定性，通常采用球头销进行连接。

电动助力转向系统是通过感知器将驾驶员作用于转向盘的力矩变化和车辆速度传递给微电脑控制单元，该控制单元基于内置控制策略计算出目标助力力矩，并通过电流指令作用于电机，使电机产生的助力力矩放大并带动机械转向系统偏转，从而实现车辆转向。该系统具有装配、性能等方面的优势，是替代传统液压系统的较好的选择。该系统不仅适用于小型汽车，对于部分 12V 电压的中型汽车也同样适用。

车辆控制系统在进行运算时，其输入信息主要是由汽车 CAN 总线提供的，这些信息包括汽车速度、转向角数据等；此外，控制电机驱动还需要相电流（来自电流传感器）和电机转子位置（来自电机传感器）等信息。

电机由四个 MOSFET（metal-oxide-semiconductor field-effect transistor，金属氧化物-半导体场效应晶体管）控制，由于微控制器和电机的 MOSFET 在不同的电流、电压水平下工作（微控器的 PWM 输出端口提供的驱动电流、电压通常低于 MOSFET 所需水平），因此需要引入电机驱动器使电源升压或降压——通常以驱动

IC（集成电路）形式接入。

MOSFET 机器分区方式由电机功率决定。另外，从安全性角度考虑，可以将电机控制系统集成在 PCB（printed circuit board，印制电路板）上，其继电器可以作为主开关，在故障状态下及时断开电控系统与电机的连接。

微型控制器单元（micro controller unit，MCU 或 μC）必须控制 EPS 系统的直流有刷电机。MCU 的作用是基于扭矩传感器提供的扭矩信息形成电流控制回路。该元件通常配有板载振荡器，即使外部振荡器发生故障，板载振荡器也能够保证 MCU 的运行；此外还需配置片上看门狗计数器（watch dog timer，WDT），以实时监测系统运行状态，防止程序"跑飞"。目前，英飞凌公司的 XC886 单片机是一款高性能的 8 位 MCU，其安全特性可以通过软件实现，而在 IEC 61508 等行业安全标准规范下，该控制器需要完成各种诊断和自检任务，由此可能导致其工作负荷增加。

MOSFET 的栅源电压（V_{gs}）是控制其导通状态的关键参数之一。当栅源电压超过 MOSFET 的阈值电压时，MOSFET 开始导通，形成导通通路，使电流能够从源极流向漏极。MOSFET 的导通电阻表示在导通状态下源极和漏极之间的电阻。驱动 IC 不仅为 MOSFET 的栅极提供充足的电流以保证其正常运转，还能够为高低侧 MOSFET 提供较高的栅源电压，以使其获得较低的导通电阻。要使 MOSFET 完全导通，其栅源电压通常要超过阈值电压，例如 MOSFET 完全导通的理想电压是 10V 或以上，则其栅极电位就比电池电压高出 10V。有测试表明，英飞凌驱动 IC 在 8V 电池电压的条件下，可以使其 MOSFET 高低栅源电压达到 11V，从而在低电池电压条件下达到功耗与效率的最优化。

MOSFET 采用的电路拓扑结构主要是多半桥拓扑（half-bridge topology）结构，MOSFET 由驱动 IC 控制。由于二极管在恢复时产生的反向恢复电流可能导致一系列感应瞬变现象，进而引起电磁干扰和功耗损失，这会对电路性能和效率产生影响，因此在 MOSFET 电压级别的选择方面，要针对可能出现的感应瞬变现象提供足够的安全边际。安全边际可以根据杂散电感和电流斜率两个指标进行判断。

杂散电感可以被视为电流斜率对磁场变化率的响应。当电流变化较快时，磁场也相应地发生快速变化，从而产生较大的杂散电感；反之，当电流变化较慢时，磁场的变化率较小，杂散电感也较小。降低电流斜率有助于减少杂散电感。通常，在杂散电感和电流斜率都较低的系统中，可以使用 30V MOSFET，而 40V 的 MOSFET 则更好。

电荷泵在 MOSFET 中的作用是运用电荷传输和电压倍增的原理，根据不同

PWM 模式的要求，将输入电压转换为更高或更低的输出电压，实现极高或极低的占空比，以满足其他部件或特定应用的工作需求。

3.4.4　EPS 操纵稳定性评价指标

（1）EPS 典型助力曲线

EPS 的助力特性曲线有多种形式，主要包括直线形、折线形、曲线形等三种类型。相对而言，直线形助力特性曲线是三种助力曲线中最为简单的，其实现难度最低，但操纵手感不够理想；曲线形助力特性曲线则恰恰相反，其操纵手感最好，但实现难度最大；折线形助力特性曲线的实现难度、操纵手感等介于上述二者之间。因此，为了中和操纵手感、实现难度、调试难度等，可以选择分段式曲线形进行设计。

① 直线形助力特性。直线形助力特性曲线的特点是：在助力变化范围内，助力与方向盘输入扭矩呈线性关系，具体可以表示为以下函数。

$$I = \begin{cases} 0, & 0 \leqslant T_d < T_{d0} \\ (T_d - T_{d0}), K(V), & T_{d0} \leqslant T_d < T_{d\max} \\ I_{\max}, & T_d \geqslant T_{d\max} \end{cases}$$

式中，T_d 为方向盘的输入扭矩；T_{d0} 为转向系统开始助力时的方向盘输入扭矩；$T_{d\max}$ 为转向系统提供最大助力时的方向盘输入扭矩；$K(V)$ 为助力特性曲线的斜率；I 为电机的目标电流；$I_{\max}$ 为电机工作的最大电流，$K(V)$ 将随车速提升而逐渐减小。

② 折线形助力特性。折线形助力特性曲线的特点是：在助力变化范围内，助力与方向盘扭矩呈分段型关系，具体可以表示为以下函数。

$$I = \begin{cases} 0, & 0 \leqslant T_d < T_{d0} \\ K_1(V) \times (T_d - T_{d0}), & T_{d0} \leqslant T_d < T_{d1} \\ K_2(V) \times (T_d - T_{d1}) + K_1(V) \times (T_d - T_{d0}), & T_{d1} \leqslant T_d < T_{d\max} \\ I_{\max}, & T_d \geqslant T_{d\max} \end{cases}$$

式中，$K_1(V)$、$K_2(V)$ 分别为不同阶段的助力特性曲线的斜率，其变化同样随车速增加而减小；T_{d1} 表示助力特性曲线梯度由 $K_1(V)$ 变为 $K_2(V)$ 时方向盘输入的扭矩。

③ 曲线形助力特性。曲线形助力特性曲线的特点是：在助力变化范围内，助力与方向盘输入扭矩呈非线性关系，具体可以表示为以下函数。

$$I = \begin{cases} 0, & 0 \leqslant T_d < T_{d0} \\ K(V)f(T_d), & T_{d0} \leqslant T_d < T_{d\max} \\ I_{\max}, & T_d \geqslant T_{d\max} \end{cases}$$

对三种助力特性曲线进行比较，我们可以看出，直线形助力特性曲线相对简单，且便于控制系统的编制与计算，调整、执行也更为容易；曲线形助力特性曲线在助力输出方面的连续性、稳定性较好，但计算更为复杂，不易控制与调整；折线形助力特性曲线介于直线形与曲线形之间，但从实际应用的角度看，直线形助力特性能够更好地满足应用需求。

（2）转向系统受力分析

EPS 系统所受到的作用力主要来自三个方面：驾驶员对转向盘的操作力、电机产生的助力和实现助力的过程中转向系统所受到的阻力。汽车转向的过程，也是驾驶员对转向盘的操作力与电机产生的助力共同克服转向阻力的过程。

① 驾驶员对转向盘的操作力可以分为两种：一是方向盘受到驾驶员转动的切向力；二是车辆在持续转弯时驾驶员对方向盘的把持力，它使车轮转向角位置保持不变，固定朝某个方向运动（包括直线运动）。

② EPS 系统所受到的阻力矩根据不同来源，可以分为"转向系阻力矩"和"绕主销阻力矩"两大类型。影响阻力矩大小的因素包括车速、转向盘转角和转动角速度、轮胎偏离角度和车辆侧偏角变化等。

转向系阻力矩又可以分为转向系复原力矩、转向系摩擦力矩和转向系惯性力矩几种：转向系复原力矩主要来自系统中回位弹簧运动和内橡胶衬套等弹性变形产生的作用力；转向系摩擦力矩主要来自各组件之间由摩擦产生的阻力；转向系惯性力矩主要来自系统内各部分的运动变化。

绕主销阻力矩主要来自轮胎与路面的摩擦力和轮胎间的扭矩，轮胎特性、路面状态、轮胎负荷和车轮定位参数等都会影响该类阻力矩的变化。根据汽车运动方式的不同，绕主销阻力矩可以分为原地转向阻力矩和行车转向阻力矩两种，以下进行简要分析。

● 原地转向阻力矩：汽车从静止状态下开始转向时，轮胎与路面因滑移而产生作用力，同时轮胎受力发生扭转变形的情况下产生的阻力矩。在一定条件下，轮胎与路面间的滑动摩擦因数越大，原地转向阻力矩越大。其受力情况可以用公式表示为：

$$M_r = \frac{f}{3}\sqrt{\frac{G_1^3}{p}}$$

式中，M_r 为原地转向阻力；f 为轮胎与地面间的滑动摩擦因数（一般取 0.7）；G_1 为转向轴负荷，N；p 为轮胎气压，MPa。

- 行车转向阻力矩：汽车在行驶过程中转向而产生的阻力矩。由于在行车转向过程中车速大于零，轮胎发生滚动，轮胎与地面之间的摩擦力变化，因此在一定条件下，行车转向阻力矩较原地转向阻力矩更小；但车辆在转向过程中，可能因轮胎发生偏离而产生自动回正力矩，由此可能使转向阻力矩增加。就高速行驶的车辆而言，由轮胎偏离角导致的转向阻力矩大小通常与主销后倾角大小成正相关关系。

总之，绕主销阻力矩的大小与轮胎和地面的接触情况有密切联系，后者包括接触面积、单位面积压力、摩擦因数等。而这些指标又受到轮胎气压、轮胎负荷等因素的影响。

③ 电机助力矩。电机助力矩在前文已有所述，该助力矩实际来源于电机对转向系统施加的力矩，其大小受到电控单元发出的力矩信号和车速的影响。

3.4.5　EPS 对汽车操纵稳定性的影响

（1）转向路感

从驾驶员的角度来看，路感和轻便性是衡量驾驶体验的两个重要因素。轻便性意味着转向盘带动车辆转向的灵敏度更高，助力系统提供的力矩较大，从而使驾驶员操纵方向盘时更加省力；路感是指驾驶员通过对油门、制动、方向盘的把控，实时获得与操作相对应的车辆的运动状态，并根据车辆运动状态的反馈来调整转向、油门或制动的力度。而轻便性和路感往往"不可兼得"，较大的电动助力可以使转向更"轻"，但不利于驾驶员对汽车状态，例如车轮在路面的附着状态、前轮侧向力的转向力度等的感知。只有路感清晰，驾驶员控制汽车时才能够得心应手，保证驾驶安全。

对汽车转向轻便性与路感的要求侧重的场景不同：在汽车低速行驶转向或原地转向时，更加注重汽车转向的轻便性；而汽车高速行驶中进行的转向则更注重清晰的路感，这有利于驾驶员准确判断并快速适应各种复杂的路面情况，把握好对车辆的控制力度，确保高速行驶中的驾驶安全。实际上，我们可以说，路感就是驾驶员驾驶过程中的一种安全感，驾驶员只有具备这种安全感，才能防患于未然，更好地避免驾驶安全风险。驾驶员在不同的汽车行驶状态，如转向回正、高速直线行驶、倒车等状态下，其路感是不同的。

（2）转向灵敏度

转向灵敏度是衡量汽车操纵性能高低的重要指标，最直观的体现是汽车是否能够对驾驶员的转向动作及时响应。转向灵敏度具体可以表示为汽车的横摆角速度与转向盘转角之比，或汽车的侧向加速度对转角的微分，而前者能够直接体现汽车的转向灵敏度和电动助力转向系统的性能，因此被普遍采用。

（3）转向回正能力

当汽车结束转向后，即方向盘不再受到转向力矩时，回正力矩可以辅助转向盘回到正确的角度和位置，从而使车辆回正运动方向。在传统的助力转向系统中，虽然相关机械部件的摩擦和惯性可以产生一定的阻尼效果，但总体来说处于被动状态，回正力矩的应用性较差。而 EPS 可以有效控制回正力矩，例如通过控制助力电机来达到合适的阻尼效果；如果因系统内部摩擦损失力矩过多而使方向盘难以回正，电机也可以产生良好的回正助力。

回正特性控制策略主要有主动阻尼算法和回正算法两种：前者可以利用合适的阻尼作用使转向轮回位，同时保持较好的稳定性，避免出现冲击振动；后者可以使转向轮快速而准确地回正，可以有效应对回正过程因内部摩擦而受阻的问题。

综上所述，根据对电动助力转向系统运用的动力学原理、基本结构、系统性能、助力特性曲线和系统稳定性要求等方面的分析，我们可以得出以下结论：

① 电动助力转向系统的性能受到多方面因素的影响，而要达到驾驶员对转向灵敏度、驾驶安全性和路感的要求，需要对这些因素进行综合考虑，并基于无法选择的部分固定参数（例如各部件的黏性摩擦因数、电机的电气参数等），对可变参数进行调整优化，从而使 EPS 的性能达到最优状态。

② 要确保应用了电动助力转向系统的车辆运行的稳定性，可以通过劳斯（Routh）判据的方法对扭矩传感器刚度、电动机转动惯量、控制器助力增益和助力机构传动比等参数进行稳定性评估。

第 4 章
智能网联汽车线控制动系统

4.1 线控制动系统概述

在所有的线控底盘技术里,线控制动(brake by wire,BBW)是难度系数最高的,不过也是最为核心的一项技术。BBW 系统决定着智能网联汽车驾驶的稳定性与安全性,唯有具备平顺性好、快速响应等制动性能,方能使得车辆更加安全,更有保障。

线控制动系统能够有效控制智能网联汽车的执行机构按照指令信息完成各项任务,并在硬件层面为智能网联汽车实现自主停车提供强有力的支持,助力智能网联汽车进一步优化自动驾驶功能。

BBW 系统具有信号转化功能,能够利用装配在加速踏板(也称油门踏板)上的位置传感器来获取机械信号,感知驾驶员的制动意图,并将这些机械信号转化为电控信号传输到控制系统和执行机构当中,同时利用算法进行踩踏模拟,并向驾驶员反馈制动感觉。

4.1.1 线控制动系统的发展概况

(1)电动汽车制动系统向线控发展

线控制动技术主要是为智能电动汽车和未来的自动驾驶汽车服务的。传统燃油汽车在进行刹车时,人脚对制动踏板的作用力经过真空助力泵和液压油路放大以后,传到制动器上转化为作用于车轮的摩擦力,从而实现制动。踩踏制动踏板的轻重程度直接影响刹车缓急,从而实现对汽车制动的灵活控制。

而电动汽车不再配置油箱,自动驾驶汽车不再需要人为踩踏制动踏板,因此传统制动系统无法满足电动汽车的精准、快速制动的要求,这为传统汽车制动行业带来了新的挑战和机遇。

为了增加续航里程,通常都会增加动能回收系统以收集刹车浪费的能量。传统汽车采用液压制动系统,刹车时依靠机械传动进行控制,这样制动能量就无法回收。除此之外,增加了辅助驾驶功能以后,电子系统就要对刹车有更为精准的控制能力,这就要求控制器要有更高的精度和足够的冗余。

在众多因素的影响下,线控制动系统开始得到广泛使用。线控制动其实就是把制动器或制动主缸与制动踏板间的物理连接断掉,用电信号取而代之。制动踏板是可以进行反馈的模拟踏板,可以把机械运动转换为电信号传输到制动系统与执行机构，通过电控模块来产生制动力。

一般来说，传统制动系统和线控制动系统在基本结构、能量供给等方面存在许多不同之处，传统制动系统与线控制动系统的区别如图4-1所示。

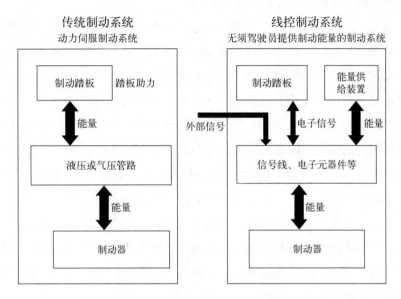

图 4-1　传统制动系统与线控制动系统的区别

线控制动系统主要利用 ECU 来对汽车进行控制。为了确保制动控制的精准性和有效性，助力线控制动系统广泛应用于各类汽车当中，汽车行业需要积极推动 ECU 升级优化，不断提高 ECU 的可靠性、容错性、抗干扰性和跨系统实时通信能力。

（2）线控制动系统的研究内容

当前，线控制动系统的研究主要集中在 3 个方面：踏板模拟、主动制动和制动能量回收。

① 踏板模拟。在传统的制动系统中，基于其真空助力器以及液压系统的制动结构设计，驾驶员在踩踏制动踏板时可以直接感受到刹车力度的反馈，即所谓的"制动踏板感"，而对踏板的作用力大小、踏板位移速度、踏板行程及对应的制动压力和减速度都会影响制动踏板感。制动踏板感不仅影响驾驶员的驾驶舒适度，甚至有可能关系到驾驶安全，其评估方法包含主观评分和客观测试数据两方面。不同的企业在设计制动踏板时都有不同的偏向。

线控制动系统的制动踏板感不能从制动压力反馈中得到，因此需要基于踏板样件调整情况来模拟设计，这样设计方案就有了较大的发挥空间。企业可以设计模拟传统制动系统的踏板感觉，也可以设计出与线控制动系统相适应的新的踏板感觉，甚至可以根据电气化制动路径或能量回收需求将油门踏板和制动踏板集成为一个装置，为消费者提供操作更为简便、安全性更高的踏板模式。线控制动乃至线控底盘技术的发展，将为踏板设计提供更多选择。

② 主动制动。一般情况下，上层策略会按照目前汽车行驶状态以及驾驶员行为向线控制动系统发出制动请求，线控制动系统应当迅速且准确地进行响应。主动制动主要用来增强汽车的安全性与稳定性，许多系统都使用了此项功能，如紧急制动系统、先进驾驶辅助系统等。现阶段，主动制动研究方法可分为两种：一种是以经验设计为基础的方法；另一种是以动力学模型计算为基础的方法，例如神经网络控制、模糊控制、最优控制以及滑模控制等先进算法均能够应用于控制系统中。

③ 制动能量回收。电动汽车与传统的燃油车相比，在制动能量回收方面有着天然优势。在制动过程中，车辆在惯性滑行中释放出的多余能量可以通过发电机转化为电能，储存在蓄电池中，至此即完成了能量回收，这有助于延长车辆的续航里程。另外，基础制动系统的热衰退和损耗减少，有利于延长制动器的使用寿命。制动能量回收可以增强电动汽车在城市、山区等各种环境中的实用性，相关技术的研究在国内外都得到了重视。

制动能量回收系统涉及多个要素的协同，例如电池荷电状态（state of charge，即剩余电量）、对回收电流和功率的调节、电机在不同转速下的能量回收能力、汽车行驶工况、踏板感觉等。

4.1.2 线控制动系统的分类

随着电动汽车制动系统的创新升级，线控制动技术逐渐发展成熟并得到推广应用。它在传统制动技术基础上融合了运动学、动力学、电子控制等多项技术，是智能线控底盘的关键技术。根据制动实现形式的差异，线控制动系统主要可以分为电子液压制动系统、电子机械制动系统以及混合线控制动系统。

（1）电子液压制动系统简介

电子液压制动（electro-hydraulic brake，EHB）系统可以看作升级版的传统液压制动系统。与传统液压制动系统相比，EHB 系统中不再装配大量机械元件，而是通过融合液压系统和由各类电子元件构成的电子系统的方式来打造出一个机电液一体化的汽车制动系统，并利用该系统来连接汽车的控制单元和执行机构，以便实现对车辆制动的有效控制。

在 EHB 系统中，制动液是其传递制动力的媒介，因此 EHB 系统也被叫作"集中式制动系统"或"湿式制动系统"。一般来说，EHB 系统中包含电子踏板、ECU 和液压执行机构等多种设备，如图 4-2 所示。

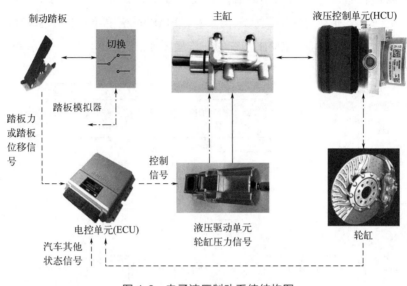

图 4-2 电子液压制动系统结构图
→—机械信号；---—液压信号；- - →—电信号

电子踏板主要包括制动踏板和踏板位置传感器两部分，能够获取驾驶员的制动意图。加速踏板位置传感器具有踏板行程检测功能，能够获取踏板位移信号并将其转化成电信号传输到 ECU 当中，以便按照一定的比例调控踏板行程和制动力。

当电子系统处于正常工作状态时，EHB 系统中的制动踏板将不再与制动器相连接，备用阀也会关闭，EHB 系统需要先借助来自传感器的信号来了解驾驶员的制动意图，再利用电机驱动液压泵来完成汽车制动工作。当电子系统失效时，EHB 系统会打开备用阀，切换成传统的液压系统模式，利用备用阀将原本位于制动主缸中的制动液传送到与车轮制动器相连的制动轮缸当中，利用液压系统来完成车辆制动工作。

EHB 系统具有软件集成功能，能够综合运用防抱死制动系统（ABS）、电子稳定系统（ESP）和牵引力控制系统（TCS）等软件来实现多种功能，充分确保汽车在行驶过程中的安全性和舒适性。与此同时，EHB 系统还能够借助合适的制动动作来确保制动器的干燥性，避免制动器的工作性能受到水的影响。

EHB 系统的应用提高了汽车制动系统的安全性，为汽车在线控制动系统出现故障时的安全制动提供了支持，但 EHB 系统也存在制动液传输管路复杂等不足之处。

以上是对 EHB 系统的简要介绍，4.2 节将对其做进一步说明。

（2）电子机械制动系统简介

电子机械制动（electro-mechanical brake，EMB）系统也被称为"分布式制动系统"或"干式制动系统"。这种汽车制动系统消除了制动液和液压管路等部件，只使用电机来提供制动力，并为汽车的各个车轮装配能够独立工作的电子机械制动器，对各个车轮进行单独制动控制。从结构来看，EMB系统主要包括电子机械制动器、ECU和各类传感器等设备。EMB系统的结构如图4-3、图4-4所示。

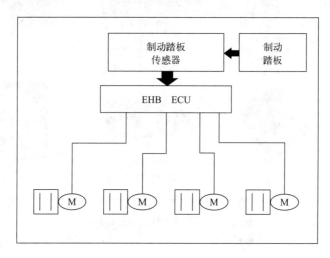

图4-3　EMB系统的结构图（一）

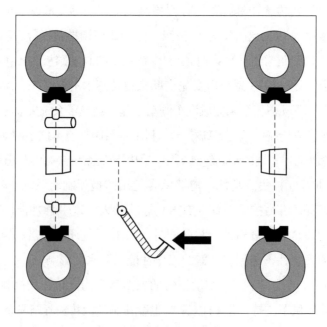

图4-4　EMB系统的结构图（二）

在结构方面，EMB 系统具有简单化、紧凑化、布置方便、装配难度低、维修难度低和制动零部件数量少等优势，且系统重量较轻，同时也进一步优化了汽车底盘的工作环境和维修环境。

当 EMB 系统处于工作状态时，ECU 将会接收来自制动踏板的踏板行程信号并精准计算出制动踏板速度，同时广泛采集车速、车辆加速度等电信号，充分把握车辆当前的行驶状态，深入分析每个车轮的制动需求，明确每个车轮所需的最佳制动力矩的数值，并据此输出控制信号来控制车轮中的各个工作电机的电流和转角，利用电子机械制动器来实现减速增扭和转换运动方向等功能，充分发挥制动钳块的作用，加大制动摩擦力矩。

以上是对 EMB 系统的简要介绍，4.3 节将对其做进一步说明。

(3) 混合线控制动系统简介

由于 EHB 系统存在集成度低、制动力弱、备份能力差、液压管路复杂度高等不足之处，因此汽车行业开始试图融合 EMB 系统和 EHB 系统，力图通过二者的融合来开发出一种全新的混合线控制动（hybrid brake-by-wire，HBBW）系统，以便为汽车制动提供强有力的支持。这种混合线控制动系统就是 HBBW 系统，其结构示意图如图 4-5 所示。

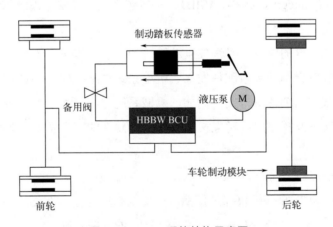

图 4-5　HBBW 系统结构示意图

具体来说，在装配了 HBBW 系统的汽车当中，主制动轮通常利用 EHB 系统来获取强大的制动力，并对各项数据信息进行备份，有效防范由电子控制单元故障造成的各类风险；制动力需求较小的车轮通常利用 EMB 系统来控制液压管路长度，帮助车辆完成电子驻车。就目前来看，奥迪公司开发的电液控制刹车（electric hydraulic combi brake，EHCB）系统已经应用到奥迪 Q5 等车型中，并在车辆的线控制动方面发挥了重要作用，同时 EHCB 系统也是十分具有代表性的一种 HBBW 系统。

4.1.3 线控制动系统的关键技术

（1）功能安全技术

线控制动系统的功能安全技术，遵循一套关于电子、电气以及可编程电子安全控制系统的设计指导规范。基于车辆运行状态的复杂性，电子系统不可能像人那样自动灵活应对各种情况，无法做到绝对安全，因此我们通过制定安全机制或标准，以降低安全风险。2011 年，第一个关于道路交通产品电子电气系统的功能安全国际标准 ISO 26262 问世。

ISO 26262 标准从汽车损耗程度与安全风险的关联性出发，定义了汽车安全生命周期，其中包括管理、开发、生产、经营、服务、报废等阶段，并在各个阶段提供必要的支持。标准覆盖了汽车的整体开发过程，为需求、设计、实施、集成、验证、确认、配置等环节提供了安全指导意见。标准中将系统或其组成部分的安全风险程度，由低到高划分为 A、B、C、D 四个等级，即车辆安全完整性等级（automotive safety integrity level，ASIL），等级越高意味着安全需求越苛刻，对系统软、硬件的开发要求也越严格。

汽车智能化程度的提高，对线控制动系统的可靠性提出了更高的要求。车辆在制动时可能面临频繁制动导致配件发热、机电系统过载、配件损耗等复杂工况，因此需要设置有效的冗余备份方案。例如，机械系统方面的冗余备份可以在驱动电机发生故障的情况下发挥作用；对电机驱动器软、硬件的冗余备份也是降低制动风险的有效方案。

（2）汽车动态稳定性控制

ABS、ESC 和 TCS 等模块都是保障汽车安全制动的较为重要的汽车主动安全控制系统，但目前部分系统的核心技术仅掌握在 BOSCH、ZF-TRW 等少数零部件供应商手中。例如，应用广泛的 ESC 系统，涉及用于调节响应速度和压力精度的液压控制单元的设计和生产、底盘综合控制等技术，且其技术标准、产品可靠性都有着高要求，企业需要长期的技术积累才能实现自主研发和生产。国内企业突破 ESC 匹配和量产技术壁垒的努力一直存在。

ESC 是一种在 ABS 基础上扩展而来的技术，可以在汽车转弯、滑行、加速等行驶场景中发挥作用，最早由 BOSCH 研发并申请了专利技术；类似功能还有丰田的 VSC（vehicle stability control）、本田的 VSA（vehicle stability assist）、宝马的 DSC（dynamic stability control）等，都属于 ESC 的范畴。

随着线控制动、线控底盘技术装车需求的增加，许多有实力的制动行业供应商都着手进行线控制动、ESC 系统、电动助力器等系统集成一体化方案的研发，以抢先占据市场优势地位。就国内市场情况看，供应基础制动系统的供应商还占大多数，如果主机厂要求集成稳定性控制的线控制动系统普遍装车，这些供应商的市场空间将会大幅缩小。因此，促进集成稳定性控制的线控制动系统的研发，是国内供应商的重要任务。

（3）车载网络通信技术

线控系统自动化程度的提高，对通信实时性、可靠性、数据传输速率和容错支持等都提出了更高的要求，而现有车载通信网络（基于事件触发的总线系统）逐渐变得不再适用。满足关键系统的实时控制需求是选择通信网络协议的重要条件，现有通信网络标准主要有 Byteflight、TTCAN、FlexRay 和 TTP/C 等，而 FlexRay 和 TTP/C 是应用最多的车载网络通信协议。

FlexRay 是专门为车内控制系统设计的高可靠性、高速率的车载总线系统，其双信道配置可以通过冗余网络传输数据，两个信道的数据速率分别可达到 10Mbps，能够满足各种同步（实时）和异步的数据传输需求；同时，可以根据需要灵活地进行拓扑配置；此外，FlexRay 节点能够基于时间触发机制自动校正错误，具备较好的故障容错性能。选择该网络协议的公司主要有 BOSCH、BMW、NXP（恩智浦）等。

TTP/C（time-triggered protocol/critical）是一种支持时间触发和事件触发的网络标准，支持多种容错策略，具备错误检测、节点恢复与节点再整合等功能。选择该网络协议的公司主要有德尔福（Delphi）、大众集团等。

目前，由于电动汽车的智能化、自动化发展程度有限，加上新型车载通信网络技术的商业化还未普及，传统的 CAN 网络协议仍然占市场主导地位。但随着线控技术的发展成熟，车载通信网络的变革必然会到来。

（4）传感器技术

传感器是车载控制系统了解车辆运行状态的基础，感知对象包括整车速度、路况环境等。在制动系统中，传感器是将行程、踏板作用力、扭矩、电机转角位移、温度等信息转化为电子信号的重要配件，在线控制动系统的触发、决策、执行过程中发挥着重要作用。

智能化、自动化运行的制动系统是未来的智能汽车乃至自动驾驶汽车运用的关键系统，该系统要真正实现商业化运用，就离不开传感器的发展，精度高、可靠性强、体积小、成本低是其发展要求。除了基础性能提升，智能化、多功能化、与计算机芯片集成化也是未来的发展趋势。

线控制动技术作为当前汽车线控技术的先行者，已经逐渐推广应用于新能源汽车的多种车型上。EHB是目前线控制动系统的主流，在真正过渡到EMB系统之前，将长期占据线控制动市场，这是未来实现自动驾驶汽车的必经阶段。而EMB基于其较高的技术要求和成本，还需要克服冗余备份、热可靠性等技术问题，其商业化进程将晚于EHB。

随着新能源应用技术的成熟，新能源在汽车领域的运用是必然趋势，这一趋势将有力推动汽车的智能化、自动化技术，尤其是汽车线控底盘技术的发展。中国作为在新能源领域占据优势地位的国家，也要牢牢把握住汽车制动行业的发展机遇，将其作为赶超国外制动行业的契机，努力促进线控制动技术的发展。

4.2 电子液压制动（EHB）系统

4.2.1 EHB系统的结构与原理

线控制动系统是一种利用电子信号实现制动功能的电子控制制动系统，能够借助踏板传感器来采集驾驶员的制动意图信号，借助整车通信网络传输制动请求信号，并利用ECU来对这些电子信号进行处理，以便制动执行机构根据信号中传递的信息来输出制动力，进而实现对车辆的制动控制。

一般来说，线控制动系统可按照制动执行机构分为电子液压制动（EHB）系统、电子机械制动（EMB）系统，以及混合线控制动（HBBW）系统。其中，EHB系统是各国汽车行业研究的重点对象，也是目前发展最成熟且已经实现量产的一种线控制动系统；EMB系统是一种正处在从飞机领域向汽车领域转化阶段的线控制动系统；而HBBW系统是一种融合了EHB系统和EMB系统的综合性线控制动系统。

EHB系统是一种基于传统液压制动器的新型线控制动系统，主要由制动主缸、制动轮缸、电子踏板等设备构成，通常利用电子元件来连接制动主缸和制动轮缸，利用电子踏板来采集驾驶员的制动意图等信息，其结构示意图如图4-6所示。

一般来说，EHB系统大多具有结构紧凑、控制便捷、控制可靠性强、机电一体化、制动效能强、制动噪声小、无须真空装置、制动踏板感觉良好等特点，能够为

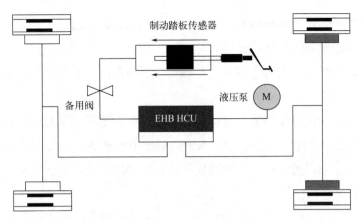

图 4-6　EHB 系统结构示意图

车辆驾乘人员提供优于传统液压制动系统的汽车制动服务。

（1）EHB 系统的基本结构

EHB 系统中包括液压控制模块、制动踏板模块、控制单元（HCU）、制动器和传感器等多种设备，其中液压控制模块、制动踏板模块和液压控制单元是其主要组成部分。EHB 系统基本结构如图 4-7 所示。

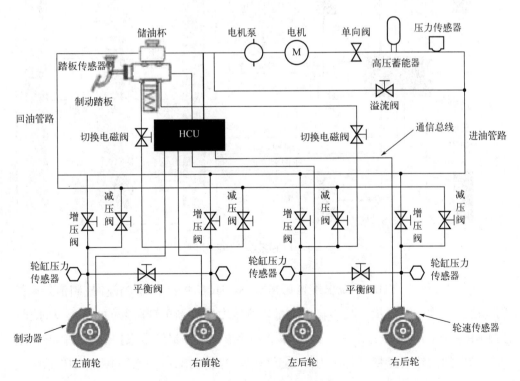

图 4-7　EHB 系统基本结构

① 液压控制模块主要由电机、电机泵、单向阀、溢流阀、蓄能器等设备以及四套在结构上完全一致的增/减压电磁阀构成。

② 制动踏板模块主要由电磁阀、储油杯、制动主缸、制动踏板、踏板传感器等设备构成。

③ 控制单元能够采集和分析反馈信号、车辆状态信号和来自制动踏板的信号等各类信号,并根据这些信号中的信息来调节进出液电磁阀,在高速开关阀中输入脉冲宽度调制(PWM)控制信号,进而实现对车轮制动压力的有效控制。

(2) EHB系统的工作原理

如图4-8所示,从工作原理来看,EHB系统中的数据采集系统能够在智能网联汽车的驾驶员踩下制动踏板时从踏板位移传感器中获取制动意图等信息,同时广泛采集车辆的轮速、车速、横摆角度和方向盘转角等形式状态信息,并利用HCU来对这些信息进行综合分析处理,以便精准掌控系统的压力调整需求。

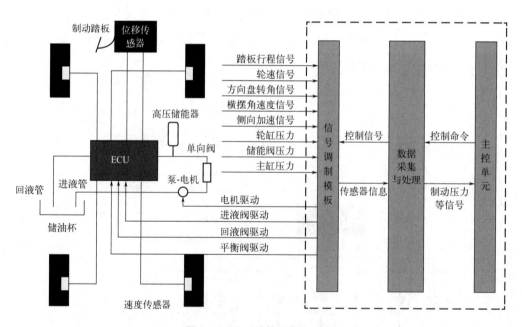

图4-8 EHB系统工作原理图

具体来说,当EHB系统出现增压需求时,HCU将会利用PWM控制信号来控制电磁阀加大输入流量,减小输出流量,将压力提高到车辆所需的制动压力水平;当EHB系统出现减压需求时,HCU也会利用PWM控制信号来控制电磁阀减小输入流量,加大输出流量,将压力降低至车辆所需的制动压力水平;当EHB系统出现保压需求时,HCU也能够控制电磁阀不再改变当前的输出流量和输入流量。

除此之外，HCU 还可以在部分高速开关阀控制回路出现故障时采用应急控制模式来连接制动踏板的液压管路和应急制动管路，为制动器获取踏板力的信号提供方便，进而达到制动车辆的目的。

4.2.2 EHB 系统的优势与不足

EHB 系统是基于传统液压制动器发展而来的，它保留了传统的液压管路部分，而用电子制动踏板替代了原来的液压制动踏板。集成电子踏板传感器可以将所感知到的不同程度的作用力转换为电信号传递给 ECU，ECU 通过不同助力形式自动调节车轮的制动压力。电动驱动缩短了制动反应时间，能够方便地实现四轮制动分别控制。

同时，EHB 系统取消了体积庞大的真空助力器，整体结构更为精简，在集成牵引力控制系统（TCS）、防抱死制动系统（ABS）和电子稳定控制系统（ESC）等辅助功能时更为容易。而踏板解耦可以实现主动制动及高效能的制动能量回收。

（1）EHB 系统的优势

EHB 系统的优势主要表现为：

● EHB 系统能够利用电磁阀来实现压力控制，具有四轮独立、压力调节精准度高、制动响应速度快、制动响应反馈效率高等优势；

● EHB 系统中没有装配真空助力装置，具有结构简单、整车布置方便等优势；

● EHB 系统具有兼容性强、系统集成能力强等优势，能够高效集成牵引力控制系统、防抱死制动系统、电子稳定系统等辅助制动系统；

● EHB 系统中装配的位于制动主缸之前和后腔出液口处的电磁阀能够解耦制动主缸和制动轮缸，回收制动能量；

● EHB 的制动性能较强，且不易受到制动工况和制动时间等因素的影响，具有可靠性强和衰退速度慢等优势；

● EHB 系统中装配了踏板模拟器，能够解耦人力制动和助力制动，优化制动感觉，实现主动制动；

● EHB 系统具有安全性和可靠性强的优势，能够及时备份各项失效信息，并在系统出现故障时制动停车。

（2）EHB 系统的不足

EHB 系统的液压部分与传统刹车系统基本相同，但其对动力输出端进行了优化升级。EHB 系统中的刹车系统具有集中式的特点，无法调节车辆的单轮制动力，需要借助各类相关组件的力量来充分发挥电子稳定系统（ESC）等各个系统的功能。

当车辆的制动踏板和制动轮缸之间缺乏机械连接时，EHB 系统将难以有效应对电控软件故障、电控硬件故障等问题，车辆将存在较大的安全隐患；当车辆中具备 ESC 等刹车系统备份时，制动踏板和制动轮缸之间还存在部分机械连接，车辆能够在电子系统出现故障等紧急情况下利用该连接来传递信号，实现制动。

EHB 系统中并未过度简化液压管路，能够利用液压系统来对制动力进行放大处理。与 EMB 系统相比，EHB 系统存在完整度不高的缺陷，因此只能算作在智能网联汽车发展过程中临时应用的一种电子控制产品。

4.2.3　国内外 EHB 技术的发展现状

目前全球汽车制动产业中技术领先的品牌主要有博世（BOSCH）、大陆（Continental）、采埃孚-天合（ZF-TRW）等，它们都拥有自己的 EHB 产品，这些产品可以适用于燃油汽车、纯电动汽车或混合动力汽车。EHB 可以通过电机、二级齿轮制动主缸、液压缸等装置模拟制动踏板的感觉，其制动冗余备份系统增加了驾驶安全性。

ZF-TRW 开发出的 IBC（integrated brake control）产品，实际上是一种由超高速无刷电机驱动的执行器，旋转编码器将监测到的电机的转数、转速和位置等相关信息提供给中央电子控制单元（ECU），执行器则根据主液压缸进行反应；集成于 IBC 中的液压回路可以将驾驶员的制动电子信号传达给系统，从而保持了传统液压制动的操控感。

表 4-1 反映了一部分主流外资公司目前所生产的 EHB 产品的情况，其中包含了主要的制动系统供应商和相关附属零部件供应商。

表4-1　EHB产品情况

名称	厂商	特点	踏板解耦	应用车型
ECB	爱德克斯	采用开关阀	解耦	Prius Camry Hybrid
Servo Break	丰田	采用开关阀、伺服阀	解耦	Insight Civic Hybrid
EDiB	日立	支持电动助力能量回收	半解耦	Leaf
I-Booster	博世	支持电动助力踏板模拟	半解耦	蔚来 ES8、广汽 Aion 等
MK C1	大陆	高集成融合 ESC	解耦	阿尔法·罗密欧 Giulia
IBC	ZF-TRW	轻量化，响应迅速	解耦	凯迪拉克 CT6

国内的 EHB 技术较国外起步晚，但在优势政策、资金、人才的合力作用下，国内 EHB 产品紧跟主流 EHB 产品的发展步伐，技术水平差距正在不断缩小。

代表性生产商及产品主要有：浙江亚太机电公司研发的集成式电液线控制动系统 IEHB；上海同驭汽车公司研发的类似于博世第一代 eBooster 产品的 EHB 系统，主要通过 EHB 电机驱动蜗轮蜗杆、齿轮齿条机构动作，进而推动制动主缸产生制动压力，同时还能够集成自动紧急刹车（autonomous emergency braking，AEB）系统、制动防俯仰等功能；芜湖伯特利公司研发的一体化 WCBS 系统不仅集成了 TCS、ESC、ABS 等传统制动功能，还可以集成 AEB、胎压监测等第三方控制软件。

4.2.4 One-Box 线控液压制动系统

近年来新能源智能汽车发展势头强盛，并且开始朝着提高性能、降低能耗以及更加智能和安全方向进军。在 EHB 的几种技术方案之中，有一个是 One-Box 线控液压制动系统。与其他方案相比，它不仅可以回收能量，还可以提高制动性能，促进安全智能化发展，具有较大竞争优势。

该系统结构与以往的真空助力的制动系统相比，质量较轻，结构精简，单个产品能够代替诸多器件，如踏板深度传感器、真空助力器、防抱死制动系统控制器以及电子真空泵等，便于对整车的布置。因为这一系统利用线控制动，所以无须真空泵，可以节约能源，能够回收能量以延长续航时间，反应时间小于 150ms，适用于智能网联汽车驾驶领域。

该系统搭载了先进的传感器并采用了智能控制算法，能够对驾驶者的行为和汽车行驶状态进行实时感知，并对其做出灵活调整。举例来讲，当汽车在行驶过程中出现失控或者侧滑时，这一系统能够以精准的轮缸压力控制和适当的刹车力度来辅助驾驶员稳定车辆，保障车辆行驶安全。

（1）One-Box 线控液压制动系统结构组成

微控制单元（MCU）、制动阀体、电动助力部分是构成 One-Box 线控液压制动系统的主要部分。通常情况下，其工作流程是驾驶员踏下的踏板与制动轮缸压力彻底解耦，仅依靠电机来提供整个车辆的制动力，运用传感器检测刹车情况，将信息传输至微控制单元，由其算出相应的电动助力，最后由控制电机进行液压主缸建压，从而达成车轮的制动。

① 制动阀体。制动阀体主要由六部分构成，分别是：电磁阀柱、压力传感器、

齿轮齿条活塞、制动顶杆、制动行程传感器以及制动模拟器。

- 电磁阀柱：制动阀体共有 14 个电磁阀，主要用来掌握液压油的大小及流向，从而实现对实际制动力的控制。
- 压力传感器：监控液压回路压力，进而监控制动力。
- 齿轮齿条活塞：电机旋转带动齿轮齿条活塞，完成主缸制动建压。
- 制动顶杆：在制动过程中向踏板传输驾驶员的输入力，完成模拟器建压。
- 制动行程传感器：用以检测制动踏板的位移情况，从而监测驾驶员的用意并判断刹车力度的大小，依靠解耦来调节踏板位移、踏板力以及制动减速度三者之间难以调和的关系。驾驶员踏在踏板上的脚感源自液压，而非弹簧的反馈力。
- 制动模拟器：能够进行制动踏板的个性化设置，对踏板的软硬程度可以适当调整，在进行工作时模拟器会反馈踏板感给驾驶员。

② 微控制单元。微控制单元主要由四部分构成，分别是 CAN（controller area network，控制器局域网）总线控制接口、电动助力电机接口、传感器触点以及电磁阀线圈。

- CAN 总线控制接口：达成 BBW（线控制动）与整车的信息交互；
- 电动助力电机接口：为助力电机提供电源；
- 传感器触点：达成各传感器与微控制单元间的信息交互；
- 电磁阀线圈：与电磁阀柱一同使用，可以控制电磁阀柱内部液压油的流向。

③ 电动助力部分。电动助力部分是永磁无刷同步电动机，其主要由四部分构成：电动助力传感器、电动助力输出轴、蜗轮蜗杆减速装置以及电机转子。

- 电动助力传感器：可以检测电机的转动角度。
- 电动助力输出轴：与齿轮齿条活塞共同工作，从而达成主缸建压。其最大建压时间不大于 150ms，最大建压能力为 18MPa。
- 蜗轮蜗杆减速装置：依靠蜗轮蜗杆进行减速。
- 电机转子：也称飞轮、旋转磁芯，其包括永磁体、转子铁芯等。

（2）One-Box 线控液压制动系统功能和技术特点

One-Box 线控液压制动系统汇集了诸多系统的制动功能，例如牵引力控制、防抱死制动、电子稳定控制等。除此之外，One-Box 系统还可以通过第三方控制软件来进行底盘域控制器的集成发展，常用的第三方软件功能有胎压监测、自动刹车辅助以及自动驻车等。具体功能如下：

① 线控制动：按照制动位移传感器的输入，可以自行判断驾驶员的制动需求，

并据此建立与之相匹配的液压制动力，以此达成线控制动；

② 防抱死制动：发生紧急制动时可以调整四轮的制动压力，按照车轮速度控制轮缸液压，避免车轮抱死，提升制动能力，增强汽车行驶的安全性和稳定性；

③ 牵引力控制：在车辆起步或者加速时，对发动机扭矩进行调节，为打滑车轮增加制动压力，避免驱动轮打滑过度；

④ 电子稳定控制：在车辆转弯过程中，对车辆进行控制，防止转向不足或者转向过度；

⑤ 制动能量回收：可以在制动过程中实时监测踏板状态、电池状态以及电机扭矩，依靠调整制动压力以及电机回收扭矩来回收制动能量，延长车辆的续航时间，增加续航里程；

⑥ 可以响应 AEB（自动刹车辅助）制动请求：能够接收先进驾驶辅助系统的指令，实现减速、刹车警告等功能，也可以短时间内较快增压，增强自动刹车辅助系统的紧急制动性，快速响应，节省时间，减少 AEB 的误触概率；

⑦ 支持 ACC（adaptive cruise control，自适应巡航控制）的纵向控制请求：按照 ACC 的指令，制动系统或者控制动力总成可以完成减速或加速；

⑧ 支持 APA（auto parking assist，自动泊车辅助）以及 RPA（remote parking assist，遥控泊车辅助）的控制请求：按照 APA 和 RPA 的指令，制动系统可以完成减速和加速等动作，根据车辆轨迹的指令，可以精确控制车辆制动以及纵向控制，最终实现自动泊车。

4.2.5 I-EHB 系统原理与控制方法

EHB（电子液压制动系统）与 EMB（电子机械制动系统）不同：EHB 系统在提供动力方面仅有一个电机与一套控制器，削去了一些制动部件，留存了液压部分。目前 EHB 系统分为两类：一类是以电机与减速机构为动力源，即集成式电子液压制动（integrated electro-hydraulic braking，I-EHB 系统）；另一类是由高压蓄能器与液压泵构成动力源，即泵式电子液压制动（pump electro-hydraulic braking，P-EHB）系统。

I-EHB 系统主缸液压由动力源提供，电机会接收源自制动器的信号，经由减速机构推动活塞进行主缸建压。P-EHB 系统则是在得到制动信号后，向液压泵发出信号，将制动液泵入蓄能器，通过高速开关阀对车辆进行制动。以上二者相比，I-EHB 响应速度更快、结构也相对紧凑，利于集成各类系统的主动安全功能，其解耦单元有助于该系统灵活确定制动方案,可以有效减少开支,也可减少车辆的开发时间。

(1) I-EHB 系统主要组成结构

① 意图获取模块。该模块主要由踏板行程传感器、踏板感觉模拟器以及制动踏板等构成。驾驶员通过踩下制动踏板来把信号传递给踏板行程传感器,再由传感器将信号传输至 I-EHB 的电子控制单元。在这个过程中,真实状态的路感及脚感主要依靠踏板感觉模拟器来进行模拟。踏板与液压机构完全解耦,便于回收能量,脚感也更轻。

② 分析控制模块。该模块是线性制动的关键部分,其中最为核心的是由嵌入式芯片、通信电路、电机驱动电路以及输入/输出端口组成的 ECU,它会根据踏板传递的信号来感知驾驶员的制动意图,然后凭借相关算法来得到最佳制动力,从而推动制动系统工作。

③ 液压执行模块。该模块属于整个线性制动的执行部分,主要有制动主缸、减速机构以及伺服电机等。其中,伺服电机和减速机构相连,可以使用车载 12V 电源;减速机构主要发挥增强系统扭矩的作用,加强制动力。ECU 的制动信号会传输给伺服电机,之后依靠减速机构来进行主缸建压。

(2) I-EHB 系统工作过程

通过前文介绍,我们可以了解到 I-EHB 系统若要完成制动过程,需要意图获取模块、分析控制模块以及液压执行模块等模块之间的协调配合,其相互配合完成控制的流程如图 4-9 所示。

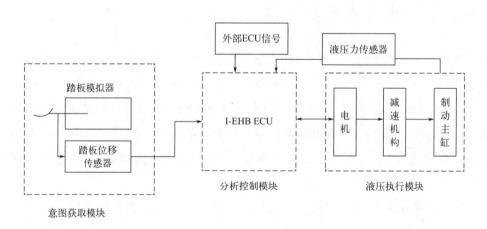

图 4-9 I-EHB 系统协调控制示意图

车辆正常行驶状态下,I-EHB 系统的 ECU 会接收多个信号来感知驾驶员的操作意图,如接收制动力位移信号、方向盘转角信号以及车辆横摆角速度信号等,依靠相应的算法得出最佳制动力。当制动踏板和液压机构结合时,踏板模拟器会依照驾驶员的操作输出线性的脚感,并及时对车辆的制动状态进行反馈。

制动信号会传递给伺服电机,电机利用相连的减速机构把信号大小转化为相应的齿条行程的长短,之后推动主缸活塞完成建压。为精准控制主缸液压与制动主缸保压,主缸液压力信号会实时反馈至 ECU。

如果车辆发生制动电子助力失效或遇到需要立刻停车的情况,如图 4-10 所示,I-EHB 系统能够提供备用的机械制动系统。在驾驶员进行紧急制动时,备用的系统会阻断原有系统的解耦腔,这时制动踏板推杆会直接推动主缸活塞,由此直接控制主缸液压力大小,从而最大限度地确保紧急情况下的制动安全。

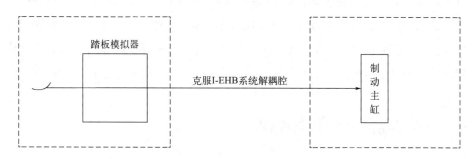

图 4-10 I-EHB 系统助力失效制动示意图

(3) I-EHB 系统控制方法

以往的制动系统的主缸液压力来源于制动踏板的位移,所以在制动过程中不能有效把控主缸液压力。对驾驶新手而言,缺少驾驶经验既会影响车辆制动感觉,更会影响紧急情况时车辆制动的安全性。I-EHB 系统的优势在于其电控单元以及制动踏板与主缸间的完全解耦,可以快速且精准地控制主缸液压力。

实际上,控制主缸液压力就是控制伺服电机,通过 ECU 按照相关算法获得最佳制动力,并将其转化成命令力矩,抑或是电机的电流信号,最终完成主缸建压。

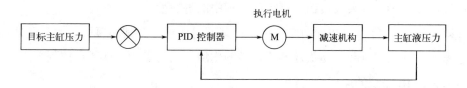

图 4-11 PID 控制策略图

如图 4-11 所示，在执行电机和减速机构为动力源的条件下，该系统的控制算法基本为闭环反馈控制。在这一控制中，PID 控制是极为常用的控制方法，若想得到不同的控制效果，可以凭借参数整定来变换不同种类的控制结构。I-EHB 系统进行控制的主要流程是 ECU 依靠液压力传感器获取主缸液压力，并将其与计算得出的主缸液压力作对比，之后通过已经设好的 PID 来整定两者间的偏差值，最终输送合适的量给电机，完成对主缸液压力的补偿。

4.3 电子机械制动（EMB）系统

EMB 系统是一种以电机驱动制动器为制动力来源的线控制动系统，能够在不依赖制动液和液压管路等部件的情况下实现汽车制动。EMB 系统对自身可靠性的要求较高，通常会配备冗余的通信链路和备用电源，并充分确保控制器所使用的总线协议的可靠性，对控制系统进行冗余设计，防止因网络故障等意外情况而造成安全事故。

4.3.1 EMB 系统的结构与原理

（1）EMB 系统的基本结构

EMB 系统中包含了电子制动踏板、车载电源、车载计算网络、制动力分配单元、制动力执行单元和制动控制单元等多种设备。

① 电子制动踏板：利用传感器来采集车辆驾驶员的制动意图信息，并将这些信息处理成电信号传输到电子控制单元；

② 车载电源：为 EMB 系统提供电压稳定的电源，并为电机和传感器供能；

③ 车载计算网络：在网络层面为制动控制单元和电子控制单元的通信提供支持；

④ 制动力分配单元：以科学合理的方式来分析处理来自传感器的各项信息，并根据分析处理的结果来制定符合实际情况的制动力分配决策，进而最大限度缩短制动距离，充分确保驾乘人员在车辆制动过程中的舒适性；

⑤ 制动力执行单元和制动控制单元：共同组成了一个制动模块，能够充分发挥传感器、制动控制器和制动执行器等设备的作用，助力车辆实现闭环控制。

（2）EMB 系统的原理

从 20 世纪 90 年代起，博世、大陆、西门子（Siemens）等知名汽车电子零配件厂商就开始了对 EMB 系统的研发。从工作原理来看，当车辆驾驶员踩下制动踏板时，EMB 系统会将制动踏板信息传输到 ECU 当中，ECU 将会集中整合和分析处理来源于各个传感器的信息，在此基础上计算出最佳目标制动加紧力并将计算结果传递至制动执行模块，以便各个执行机构及时接收和响应控制信号，并充分发挥减速增距的作用，利用运动转换机构将电机转动变为螺母平动，进而迅速推动制动衬块压紧制动盘，实现车辆制动操作。其工作原理如图 4-12 所示。

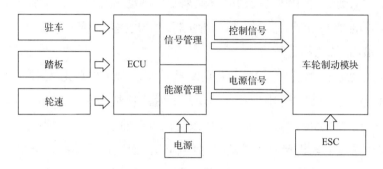

图 4-12　EMB 系统工作原理示意图

在实际操作中，当车辆的驾驶员踩下制动踏板时，装配在踏板上的传感器将会感知踏板的位置变化和速度变化等信息，并将这些信息处理成电信号传输到制动控制器；制动控制器可以从电信号中了解车辆驾驶员的制动意图，综合运用来源于其他传感器的各项相关信息，并对这些信息和信号进行实时动态处理，明确汽车的各个车轮当前所需的最优制动力，进而为电机做出正确动作提供支持；与此同时，EMB 系统中的执行机构也可以实现扭矩与夹紧力之间的转化，夹紧制动垫块和制动盘，以便对汽车的各个车轮进行制动操作。

4.3.2　EMB 系统的优势与不足

（1）EMB 系统的优势

① 制动效果。在车辆制动方面，EMB 系统具有响应速度快、制动距离短、动态控制稳定性强、制动操作精确度高、馈电能量回收效率高、四轮制动独立性强、四轮分布式驱动以及驾乘人员在制动过程中的舒适度高等诸多优势。

② 结构与效率。EMS 系统可广泛应用于 ESC、ADAS、无人驾驶等多种场景中，帮助智能网联汽车优化制动效果，提升 ESC 的耐久性；同时也能与轮毂和轮边电机协同作用，集成入角模块，为滑板底盘的发展提供助力；并压缩部件数量，简化

制动系统，减少在制动系统硬件设备方面的成本支出，降低设备保养和系统维护的难度。

除此之外，EMB 系统的应用还能减轻制动系统的总重量，简化制动系统在车辆中的安装和布置，降低拖滞力矩和摩擦片的磨损程度，减少污染性制动液的使用量，保护环境，并达到节约能源的目的。

③ 域控与软件。EMB 系统能够通过融合 EPB、ESC 和 IBS 的方式来简化控制器和系统软件，通过集中制动控制的方式来支持制动域与底盘域控制互相融合，协同作用，同时也能利用制动控制软件来为主机厂分离提供方便。

（2）EMB 系统的不足

① EMB 系统中缺乏独立的主动备用制动系统，无法在 ECU 元件、传感器、制动器、线束等电子控制单元中的设备出现故障时确保制动的基本性能不受影响，也难以保证整个系统的完整性，因此 EMB 系统在可靠性方面的要求很高。

② EMB 系统的电机尺寸受轮毂尺寸的制约，而电机的功率也会在电机尺寸的限制下难以达到较高水平，因此 EMB 系统常存在刹车力不足的问题。

③ EMB 系统的工作环境具有温度高的特点，尤其是刹车片附近的温度高达数百摄氏度，因此 EMB 系统中的永磁电机可能会受环境温度的影响而出现消磁的问题。

④ EMB 系统中的簧下元件存在振动剧烈的问题，而 EMB 系统中的永磁体无法承受剧烈振动，永磁电机的性能可能会受振动影响，因此 EMB 系统大多存在不确定性强等不足之处。

4.3.3　EMB 系统的制动器及运行模式

EMB 系统的结构更为简化，取消了传统制动系统中的气压或液压系统部件，代之以传感器、电子制动踏板、电控单元（ECU）等模块，完全利用电子元件和电控信号进行制动，因此，能够将其并入控制器局域网络（CAN）总线中，与 ABS、TCS、ADAS（先进驾驶辅助系统）等电控功能兼容，从而实现真正的智能线控底盘的集成控制。

EMB 系统能够解耦制动输入和制动输出，为先进驾驶辅助系统和自动驾驶系统输入信号提供方便，并将这两个系统纳入刹车控制当中。

相对于 EHB 系统，EMB 系统具有更好的稳定性、可靠性和响应速度，但没有装配备用制动系统，只能使用线控的方式来对汽车的制动情况进行控制。

不仅如此，EMB 系统使用电信号来控制电机驱动，还具有响应速度快的优势，同时还能够共享来自传感器的信号，并集中整合多个系统和模块中的各项功能，进而全方位控制车辆的行驶工况，充分确保车辆在整个行驶过程中的安全性。

（1）EMB 系统的制动器

电子机械制动器是 EMB 系统的重要组成部分，它既能够利用 ECU 来对电流的大小和方向进行调整，帮助 EMB 系统按实际需求调整执行电机的力矩和运动方向，同时也能够通过制动钳块的应用来增加制动摩擦力矩，利用控制算法来对因摩擦片磨损形成的制动间隙进行补偿。从基本结构和工作原理来看，EMB 系统的制动器主要包括无自增力制动器、自增力制动器两种。

① 无自增力制动器。装配了无自增力制动器的 EMB 系统通常具有控制系统复杂度低、制动器性能稳定、电机功率要求高、尺寸大等特点。在无自增力制动器中，电动机需要利用减速增矩的机械执行机构来向制动盘输出夹紧力，并明确摩擦片和制动力矩、制动盘之间的压力与摩擦因数之间的关系，通过对驱动电机轴转角进行精准控制的方式来达到有效控制制动扭矩的目的。无自增力制动器如图 4-13 所示。

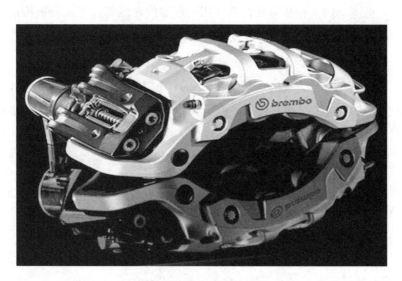

图 4-13　无自增力制动器

② 自增力制动器。装配了自增力制动器的 EMB 系统通常具有电机功率低、装置尺寸小、装置重量小、对楔块的工艺和精度要求高等特点，因此汽车行业需要提高自身的楔块加工水平，增强汽车的制动稳定性，降低汽车的控制难度。在自增力

制动器当中，制动盘和制动钳块之间的楔块越多，楔块在制动盘和制动钳块中的楔入程度就越深，夹紧力就越大，产生的自增力效果就越强，因此 EMB 系统的制动效能也越高。

（2）EMB 系统的运行模式

结构精简的 EMB 系统，减轻了汽车总质量，降低了发动机负荷，能够为汽车总装节省出更多空间，易于维护，便于安装、调试；电控线路的运用和完全解耦的结构，大大缩短了制动响应时间和制动距离；车轮滑动控制得到优化。因此，EMB 系统有助于实现全电气化智能线控的底盘控制，这也是未来发展的主要趋势。

目前，不同厂商的 EMB 系统各有特点，并没有相对统一的形式。以下将对部分 EMB 系统运行模式进行介绍。

① 通过控制电机旋转，使行星齿轮减速增扭，再利用滚珠丝杠机构将旋转中作用力转化为对制动盘的压力，以实现制动。在解除制动时，电机以反方向旋转。这一模式的优点是机械构造相对简单，容易控制，同时可以通过电机控制器灵活调节制动间隙，一定程度上抵消了零部件磨损带来的影响。缺点则在于整个系统对电机性能的依赖性较强，且减速增扭机构对制动扭矩的提升有限。

② 以电机驱动内部行星轮系，其作用力使螺纹芯轴等行星齿轮机构进行直线运动，进而推动摩擦块贴紧制动盘，以实现制动，同时内部的电磁离合器也能够为安全制动提供辅助作用。这一模式的复杂性较高，结构更为紧凑。

③ 以电机驱动楔形块运动，电机产生的作用力通过主动、从动楔形块转化为对制动盘的压力，以达到制动效果。该模式中增力大小调节是通过机械结构来实现的，可以快速增加制动扭矩，从而达到较好的制动效果，同时电机的损耗及成本有所下降。但该系统的性能受机械工艺及精度的影响较大，对电机扭矩控制也有较高要求。

就 EMB 系统来说，其作用力传导结构、各零部件运动方式，以及行车过程中温度、湿度、雨水、灰尘等环境因素，都对电机性能提出了较高的要求。同时，EMB 系统是否能够与其他零部件（如传感器、42V 电源、MCU）及系统良好适配，整体执行结构是否复杂，都是影响 EMB 实现商业化的重要因素。

4.3.4　EMB 系统执行机构的设计要求

制动性能是衡量汽车在行驶过程中的安全性的重要参考因素。近年来，科学技术不断进步，汽车制动系统的发展速度也越来越快，传统的汽车制动系统已经无法充分满足当前的车辆制动需求，而现代化的 EMB 系统能够利用电驱动元件来进行车辆制动，且具备响应速度快、装配难度低、维修简单、性能强大、安全性强、绿色环保等诸多优势，因此 EMB 系统将取代传统的汽车制动系统，成为各类汽车完成车辆制动任务的主要工具。

下面我们对 EMB 系统执行机构的设计要求进行简单介绍。

（1）体积小巧，重量轻便

一般来说，轮毂内部的空间十分狭小，不仅要实现各项相应的制动性能，还要在 EMB 系统执行机构的布置方面严格控制体积和重量，缩小 EMB 系统执行机构的占用空间。

（2）能够产生较大制动力

汽车的制动系统应具备产生制动力的能力。制动力可以支持汽车减速或由行驶状态转为停止状态。制动效能高的汽车对制动力的需求往往较大。盘式制动器是广泛应用于汽车领域的一种制动工具，能够通过夹紧制动盘的制动钳来产生制动力矩。对 EMB 系统执行机构来说，为了增强制动钳在车辆制动过程中的夹紧力，既要装配具有较强的驱动力的电机，也要具备自增力机构或减速增力机构。

（3）快速响应，减少耗时

与传统制动系统相比，EMB 系统在响应速度、作用耗时等方面具有明显优势。具体来说，汽车制动器的作用时间与制动力增长时间和消除制动间隙时间有关。为了缩短消除制动间隙时间和制动力增长时间，EMB 系统执行器的电机应提高自身的运转速度、反应能力和扭矩。

（4）性能安全可靠，工作持续时间长

车辆制动系统是汽车的重要组成部分，且系统性能与汽车行驶安全和驾乘人员的人身安全等息息相关，因此汽车行业在将 EMB 系统作为装配到汽车中的制动系统时应充分确保该系统的安全性和可靠性，同时也要保证该系统具有较强的环境适应能力和长时间连续工作的能力，确保系统能够在极冷、极热、泥水、电磁干扰等恶劣环境中稳定运行。

4.3.5　EMB 系统执行机构的实现路径

（1）驱动电机的设计与实现

一般来说，EMB 系统执行机构大多借助电动机来获取动力，因此汽车行业在设计 EMB 系统执行机构的过程中应先找出符合车辆实际情况的驱动电机。受 EMB 系统工作要求的限制，电机需要长时间保持大扭矩堵转状态，同时还要减小堵转电流，以便充分确保 EMB 系统运行的稳定性，并通过减小电机机电时间常数和提高空载转速的方式来缩短消除制动间隙的时间。

不仅如此，受车轮附近空间和结构的影响，汽车行业在为 EMB 系统执行机构的车轮处布置电机设备时还需综合考虑电机的体积、重量等因素。同时，由于汽车的每个车轮都要装配 EMB 系统执行机构，车辆在电机数量方面的需求较大，电机的价格会直接影响到 EMB 系统的成本。为了推动 EMB 系统广泛应用于各类汽车当中，汽车行业需要加强对电机成本的控制。

（2）减速增力机构的设计与实现

科学合理的减速增力机构设计能够在一定程度上增大电机的输出扭矩。一般来说，减速增力机构主要可分为蜗轮蜗杆减速器、齿轮减速器和行星齿轮减速器三种。

① 蜗轮蜗杆减速器：蜗轮蜗杆减速器能够借助自身输入和输出方向正交的作用对力矩传动方向进行调控，但同时也存在传动效率低、易磨损和易自锁等问题，因此蜗轮蜗杆减速器难以被大规模应用到 EMB 减速增力机构当中。

② 齿轮减速器：齿轮减速器具有结构复杂度低、生产难度低等特点。为了充分满足 EMB 系统执行机构的传动要求，齿轮减速器的尺寸还需进一步加大，但尺寸较大的齿轮减速器在布置方面的难度往往也更高。

③ 行星齿轮减速器：与其他减速器相比，行星齿轮减速器具有传动比大、尺寸小、运动平稳度高、抗振动能力强、抗冲击能力强等优势，且能够凭借自身优势广泛应用到各类车辆的 EMB 系统执行机构当中。

（3）运动转换机构的设计与实现

EMB 系统执行机构中的运动转换机构的传动形式主要包括螺旋传动形式和齿轮齿条传动形式两种，且具备把输入的转动运动转化成可输出的平动运动的作用。

① 螺旋传动。在螺旋传动形式下，传力螺旋是支撑 EMB 系统执行机构运转的重要工具。一般来说，传力螺旋传动可分为单级螺旋传动和两级螺旋传动两种，其中两级螺旋传动机构是应用较为广泛的一种螺旋传动机构。当阻力为零时，两级螺旋传动机构中的小螺旋部分会处于静止状态，螺母会在大螺旋部分进入运动状态时快速运动，进而缩短执行机构的响应时间和运动间隙；当传动过程中出现阻力时，两级螺旋传动机构中的大螺旋会处于静止状态，小螺旋部分会进

入运动状态，进而达到提高传动比的目的。两级螺旋传动机构在汽车 EMB 系统中的应用大幅提高了制动系统的响应速度，同时也更好地帮助车辆达到了减速增扭的目的。

② 齿轮齿条传动。齿轮齿条传动机构中的各项零部件在生产加工环节存在许多问题，导致齿轮齿条传动机构在精准度方面无法得到保障，也难以广泛应用到 EMB 系统执行机构当中。

机电执行元件在 EMB 系统中的应用能够大幅提高制动系统的反应速度，降低装配维修难度。未来，汽车行业可以将机电执行元件作为制动装置，进一步升级车辆制动系统，获取更好的制动效果，并为 EMB 系统传达指令信息提供支持。

第 5 章

智能网联汽车线控油门系统

5.1 线控油门系统概述

5.1.1 线控油门系统的概念与优势

与汽车相关的电子技术的发展，使得用户在驾乘车辆时无须借助于传统的机械结构进行控制，而可以通过便捷灵敏的电子手段传递控制信号，即 X-By-Wire，其中"X"指代汽车的各个系统，而"By-Wire"即电子线控。具体到油门系统中，线控油门（throttle by Wire，TBW）也叫"电子油门"，可以用导线取代拉索、拉杆等传统的机械传动机构，并利用装配在节气门处的微型电动机来为节气门开度控制提供动力。

线控油门能够利用位置传感器来获取油门踩踏信息，并通过对油门踩踏深度和踩踏速度的分析来实现各项油门功能。线控油门系统中的关键组成部分之一为电子节气门。从作用过程来看，车载微机可以及时接收和处理来自位置传感器的油门踩踏信息，并根据信息处理结果生成相应的控制指令；而电子节气门会执行控制指令，按照指令中的要求调控自身开度。与此同时，线控油门对节气门开度的控制还具有精准度高、速度快、不易损耗机械等优势。

线控油门系统能够通过对车辆驾驶者动作的分析来掌握操作意图，并在此基础上最大限度提高操作的合理性和稳定性，降低车辆处于冷车状态时的污染物排放量。以汽车的加速动作为例，大多数驾驶者通常选择通过踩踏油门将节气门开度打到最大的方式来控制车辆将行驶速度提至最高，但从发动机的角度来看，这种方式的效率并不是最高的。

装配了电子节气门的发动机可以在车辆驾驶者将油门踏板踩到最底部时根据发动机的负荷情况和转速增加情况以渐进式的方式控制节气门开度，将进气控制效率提升至最高水平，进而助力发动机实现流畅、快速、节能的加减速操作。不仅如此，ECU（电子控制单元）也能够在位置传感器信号出现错误时及时关闭节气门，控制伺服电机，并通过喷油和点火等方式对发动机的动力进行合理调控。

具体来说，线控油门系统中的电子节气门控制主要具备以下几项优势，如图 5-1 所示。

（1）控制精度高

普通节气门的开度会受驾驶员施加在加速踏板上的力的影响，电子节气门控制系统（electric throttle control system，ETCS）可以从发动机 ECU 所对应的驾驶员实

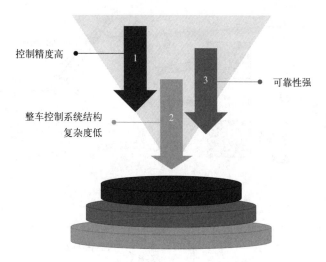

图 5-1　电子节气门控制主要优势

际驾驶情况入手，找出最合适的节气门开度，并通过节气门控制电机来实现对节气门开度的有效控制。

（2）整车控制系统结构复杂度低

ETCS 既能够协同控制怠速控制系统、巡航控制系统、车辆稳定控制系统等多个系统，也能大幅降低车辆结构的复杂性。

（3）可靠性强

ETCS 可以控制节气门处于微小开度状态，并在自身出现异常情况时确保发动机能够继续稳定运行，进而达到提高车辆在行驶过程中的可靠性的效果。部分 ETCS 具有双重操作系统，能够在脱离系统控制的情况下借助加速踏板来控制汽车稳定行驶。

5.1.2　线控油门系统的基本架构

线控油门技术属于一种车辆电子控制技术，与传统油门技术相比，线控油门技术使驾驶员更容易掌控油门的控制力度，车辆运行的平稳性、协调性更好，燃油效率有所提高。那么，线控油门技术应用了哪些原理？具体是如何运行的？下面我们对线控油门系统基本架构进行介绍。

与传统机械油门系统不同，线控油门系统采用了更加高效且装配便捷的线控系统架构，基本架构如图 5-2 所示。该架构中主要包含了油门踏板、电子控制单元和油门执行器三个部分。

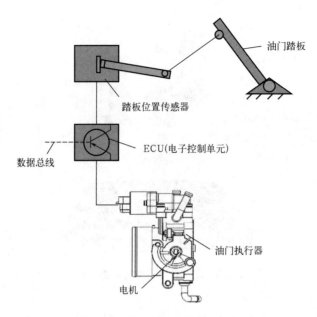

图 5-2 线控油门系统基本架构

（1）油门踏板

油门踏板实际上是一个模拟式传感器。油门踏板受到驾驶员腿部的作用力而发生位移，并将感知到的位移状态转化为电信号传递到控制单元中。

油门踏板传感器在车辆加速过程中起到了关键作用，具有可靠性强、精度高、调试便捷的特点。目前所使用的油门踏板传感器主要有光电传感器和磁敏传感器两种。

① 光电传感器。光电传感器是基于光电红外线原理来实现其感知功能的。光电传感器可以实时监测油门踏板的位移情况，并将位移信息转化为电信号输出。光电传感器具有灵敏度高、精度高、响应速度快等优点，可以适应多种检测场景。

② 磁敏传感器。磁敏传感器是一种基于磁场感应原理实现信号感知的传感器。油门踏板位置变化会带动传感器磁敏元件的磁场强度和方向改变，由此形成电压信号并输入控制单元。磁敏传感器具有精度高、信号输出稳定、不易受环境干扰等优点。

（2）电子控制单元

电子控制单元根据接收到的油门踏板信号并结合车辆实时运行状态，向油门执行器输出执行指令，进而改变气门开度和发动机转速。

电子控制单元是支持线控油门技术实现的核心部件，在整个油门系统中发挥着指挥中枢的作用。电子控制单元的主要任务是分析、处理来自油门踏板传感器的信号，并生成相应的操作指令信号输出给油门执行器。

电子控制单元一般采用单片机或 DSP（digital signal processing，数字信号处理）芯片，二者各有优势。单片机具有结构精简、运行高效、响应速度快、成本低等优点，可以为大部分基础数据处理需求提供支撑；DSP 芯片则是高性能的数字信号处理芯片，较单片机有着更强的运算能力，能够支持复杂算法计算，进而提高控制单元的运行效率和控制精度。

（3）油门执行器

油门执行器通过调节气门开度来改变发动机转速，驱动车辆运行。油门执行器具有控制发动机油门开度的作用，能够通过对油门开度的有效控制来灵活调控车辆行驶速度。从工作原理来看，油门执行器需要借助传感器和电子控制单元来实现对发动机油门开度的有效控制。

油门执行器通常包含电机、执行机构和传动机构等多个组成部分。其中，电机能够为执行机构提供动力，执行机构具有控制油门开度的作用，而传动机构能够把电机的旋转运动转化成执行机构的线性运动。

油门执行器需要通过电子控制的方式实现对车辆运动的有效控制。当汽车处于运行状态时，首先，油门执行器可以获取被位置传感器处理成电信号的油门踩踏信息，并将其传输到电子控制单元当中，以便电子控制单元以信号大小为依据精准控制油门开度；其次，电子控制单元可以向油门执行器传输油门开度信号，以便油门执行器中的电机以信号大小为依据精准调控旋转角度，同时传动机构也可以将旋转运动转化成线性运动，执行机构可以根据线性运动的大小来对油门开度进行灵活调控，进而助力车辆电子控制单元实现对油门开度、行驶速度和油门执行器工作过程的精准调控；最后，油门执行器还可以与其他系统协同作用，提高功能的多样性，通过对启动速度的控制来提高启动过程的平稳性，通过与制动系统的交互来提高发动机控制车辆减速的自动化程度，降低刹车过程中的冲击感。

总而言之，油门执行器主要利用传感器和电子控制单元来实现对车辆发动机油门开度的有效控制，并通过提高电机、执行机构和传动机构之间的协同性等方式来提高控制精度和功能多样性，为智能网联汽车实现精准、高效、灵活的油门控制提供强有力的支持。

综上所述，线控油门技术的基本原理是通过油门踏板传感器将检测到的操作需求信号传递到电子控制单元，再由电子控制单元控制油门执行器改变气门开度，进而改变发动机转速，驱动车辆运行。目前，线控油门技术的应用在不断普及与发展,这有利于其价值的充分发挥,该技术在改善驾驶体验、提升车辆安全性、降低油耗、节能环保等方面有着积极意义。

5.1.3 线控油门系统的工作原理

在传统的拉线油门当中,油门踏板与节气门之间连有钢丝,驾驶员可以通过踩踏油门踏板的方式以1∶1的传输比例控制节气门开度。但从科学的角度来看,车辆运行过程中所需的节气门开度不一定与油门踏板的踩踏程度完全一致,因此利用拉线油门来控制节气门开度通常存在控制精度不足的问题。

线控油门系统可以利用电缆或线束实现对节气门开度的自动控制。位于油门踏板处的位置传感器能够在车辆驾驶员踩踏油门踏板时感知油门踩踏信号,并借助线控油门与传统油门电缆将该信号传输到ECU当中,以便ECU对信号进行分析处理,为驱动电机控制节气门开度提供支持,并在此基础上达到精准调节混合气流量的目的。

当线控油门系统处于大负荷状态下时,节气门开度会变大,气缸中的可燃混合气也会增多。若汽车的线控油门系统中装配的是拉线油门,那么此时驾驶员只能通过控制油门踏板踩踏深浅的方式来控制节气门开度,但这种方式具有控制精度低等不足之处,难以将节气门开度精准调控到理论空燃比状态。

线控油门可以利用ECU来分析各项来源于传感器的相关数据信息,并根据分析结果生成相应的指令信息;执行机构可以根据指令控制节气门开度,充分确保节气门的开口角度支持气缸中的可燃混合气在各种工况和负荷条件下都可以趋近14∶7∶1的理论空燃比状态,进而达到提高燃料利用率的目的。

油门踏板位置传感器能够感知油门踏板的位置变化情况,并据此生成相应的电信号,同时将这些电信号传输到节气门控制单元,支持控制单元利用数据总线和整车控制单元来采集所需的工况信息和车速、车距、节气门位置等传感器信号,以便充分掌握整车与控制函数之间的契合度,并在此基础上补偿节气门转角,利用驱动电路模块来最大限度优化节气门开度。概括来说,节气门位置传感器可以采集并向节气门控制单元传输节气门开度信号,构建以位置控制为核心的闭环。线控油门系统的基本原理如图5-3所示。

具体来说,传统油门系统具有机械结构易磨损、供油控制精度低等缺点。在传统油门系统中,油门踏板与节气门之间借助拉杆以刚性连接的方式相连,汽车驾驶员可以通过踩踏油门踏板的方式控制节气门开度,进而控制发动机所使用的汽油

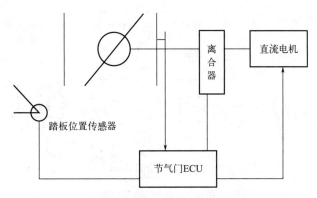

图 5-3　线控油门系统的基本原理

量,但由于油门踏板的位置难以控制,因此驾驶员也无法有效调控汽车发动机的工作状态。传统油门系统如图 5-4 所示。

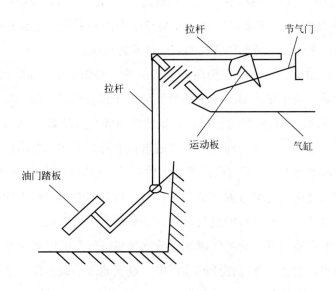

图 5-4　传统油门系统

在线控油门系统中,电子油门踏板可以获取来自传感器的油门需求信号,并将其转化成电压信号传输到 ECU 当中,以便 ECU 通过对车速、车距、发动机转速和节气门开度等数据的处理得出最符合汽车当前状态的节气门开度,同时控制直流电机输出扭矩,对电子节气门的开度进行灵活调控,并借助节气门位置传感器获取和传输节气门位置信号,打造包含电子油门踏板、电子油门踏板传感器、ECU、电子节气门、节气门位置传感器等设备的闭环控制系统,确保电子节气门的开度始终维持在最佳状态。线控油门系统如图 5-5 所示。

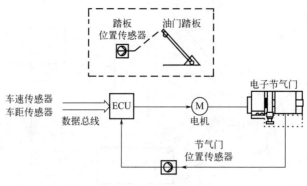

图 5-5 线控油门系统

线控油门系统具有控制精度高、可靠性强、机械不易磨损等特点，且能够综合运用各项车辆行驶信息精准调控气缸中的混合气的比例，优化发动机中的燃料利用率，提高车辆的动力性和燃油经济性。除此之外，线控油门系统还可以利用数据总线实现与其他 ECU 之间的数据交互，并与牵引力控制系统、定速巡航系统等多个系统协同作用，进一步提高车辆驾驶的安全性和舒适度。

在汽车油门系统发展和应用初期，节气门的主要作用是调节汽油机的充气量。从工作原理来看，位于化油器腔体中的节流装置连接着油门踏板，可以借助杠杆和钢丝拉线来获取油门踏板的受力情况，并据此控制节气门开度。

具体来说，节气门关闭的同时，进气通道也会随之关闭，发动机将处于不进气的状态下，不再继续工作；节气门开度变大的同时，进气通道的截面积也随之变大，大量空气将会通过进气通道进入气缸当中；节气门开启到垂直位置的同时，进气通道也将最大限度开放，发动机的进气量将达到最高水平。由此可见，发动机的进气量与节气门开度直接关联，同时转速等影响汽油机进气量的因素也会间接影响到汽油机的输出功率。而在节气门打开的过程中，进气通道的截面积与节气门打开的角度之间也存在非线性关系。

汽车可以以线性控制的方式控制节气门开启角度，通过不断扩大节气门开启角度的方式来增加进气量，从而将汽油机的输出功率调整至最高水平，达到提高燃油经济性的目的。但若汽油机功率仅受混合气浓度一项因素影响，那么燃油经济性将会大幅降低。由此可见，使用汽油机的车辆必须以非线性控制的方式来控制节气门开度。

节气门开度能够直接影响混合气流量。当节气门开度即将达到最大时，混合气流量会随之增大，而混合气流量的增大也会导致空气流脉动幅度变大和气流返喷现象突出，同时空气流量也会降低，使用化油器的发动机的混合气中燃油浓度会升高；当节气门处于部分打开状态时，阻抗特性会导致混合气出现较为严重的偏流问题，并进一步造成多缸汽油机出现各缸之间无法平均分配混合气和平衡工作的问题，因此化油器供油系统逐渐被汽车行业淘汰。

5.1.4 线控油门踏板的结构与原理

（1）线控油门踏板的机械结构

根据机械结构和安装方式，线控油门踏板大致可分为地板式电子油门踏板和悬挂式电子油门踏板两种。各自的机械结构如下。

① 地板式电子油门踏板。地板式电子油门踏板包含踏板、复位机构、踏板位置传感器、滚轮铆合体、二折板、底座、接插件等多个组成部分，且各个组成部分通常又包含多个零部件。例如，从构成来看，复位机构中包含踏板轴、内扭簧、外扭簧、弹簧中套等零部件；从结构来看，复位机构中的弹簧中套处于并联的内扭簧和外扭簧之间，且内扭簧和外扭簧与踏板轴相连，当踏板转动时踏板轴也会随之转动。除此之外，踏板底座上还具有多个安装孔，这些安装孔能够为固定踏板底座提供支持。具体来说，地板式电子油门踏板结构如图5-6所示。

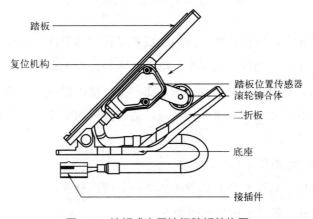

图5-6 地板式电子油门踏板结构图

从工作原理来看，地板式电子油门踏板加载时会同时压缩内扭簧和外扭簧，滚轮铆合体和踏板轴可以随着踏板一起运动，电子油门踏板会在滚轮铆合体的限位支架完全接触踏板时进入满载状态；地板式电子油门踏板卸载时会释放内扭簧和外扭簧，确保踏板完全复位；地板式电子油门踏板在运动时可以利用传感器设备对踏板轴的转角进行实时检测，并采集和传输电压信号，借助接插件将电压信号录入ECU当中。

② 悬挂式电子油门踏板。悬挂式电子油门踏板主要由踏板、摇臂、限位机构、壳体、阻尼机构、踏板轴、弹簧、踏板位置传感器和机座等部分构成，其中复位弹簧中包含两个圆柱螺旋弹簧。从工作原理来看，悬挂式电子油门踏板受到力的作用时，踏板轴会在摇臂的牵引下随着踏板转动，同时内复位弹簧和外复位弹簧会受力压缩，踏板位置传感器将会对踏板轴的转角进行实时检测。具体来说，悬挂式电子油门踏板结构如图 5-7 所示。

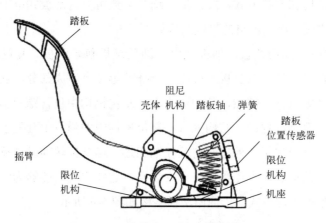

图 5-7　悬挂式电子油门踏板结构图

从工作原理来看，地板式电子油门踏板和悬挂式电子油门踏板之间并没有较大差别。但从结构来看，地板式电子油门踏板大多是针对人体所设计的，与悬挂式电子油门踏板相比具有更高的舒适度，能够在一定程度上帮助车辆驾驶员缓解驾驶疲劳，但同时也具有尺寸大、成本高的特点，通常被用在卡车、客车和部分高端轿车当中。

（2）线控油门踏板的电气原理

电子油门踏板可以根据踏板位置传感器划分成接触式电子油门踏板和非接触式电子油门踏板两种。各自的电气原理如下。

① 接触式电子油门踏板。接触式电子油门踏板装配了电位计，能够利用电位计来获取踏板位置信号，但电位计存在易磨损、使用寿命短等不足之处，难以投入市场长期使用。

② 非接触式电子油门踏板。基于霍尔效应的非接触式可编程电子油门踏板中所装配的踏板位置传感器既有可编程的特点，支持灵活调控踏板位置传感器的输出特性，也具有较长的使用寿命和高精度的控制功能。就目前来看，基于霍尔效应的非接触式可编程电子油门踏板是汽车行业中应用范围最广的一种电子油门踏板。

具体来说，基于霍尔效应的非接触式可编程电子油门踏板可以按照踏板位置传感器中所装配的霍尔芯片的数量划分为双路式油门踏板和单路式油门踏板两种。其中，双路式油门踏板中所装配的传感器存在一定的冗余，能够同时利用两个霍尔元件对磁场转角的变化情况进行检测，也可以在电路中以放大、滤波、平移、限幅等方式对霍尔电压信号进行处理，并在此基础上生成PPS1和PPS2两路电压信号。双路式电子油门踏板电气原理如图5-8所示。

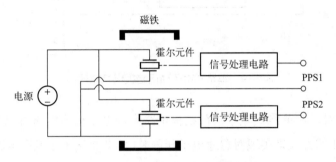

图5-8 双路式电子油门踏板电气原理图

在踏板处于运动状态时，位于踏板轴端的磁铁会跟随踏板一同转动，并通过转动的方式形成相应的磁场，改变霍尔元件周边的磁场方向。在霍尔效应的作用下，霍尔元件会在电流方向与外加磁场方向互相垂直的情况下在磁场侧面产生与电流方向垂直的霍尔电压。电压计算公式如下所示。

$$U_H = K_H \frac{IB\cos\phi}{d} \tag{5-1}$$

式中，U_H指霍尔电压；K_H指霍尔灵敏度；B指磁感应强度；I指工作电流；d指半导体基片厚度；ϕ指电流方向与磁力线的夹角，一般来说，该夹角与踏板机械转角之间存在正比例关系。

由此可见，当磁场分布均匀、电流稳定性较强时，霍尔电压只会受到踏板转角的影响，汽车行业的相关研究人员可以在划定转角范围的基础上找出符合实际要求的线性关系。在使用双路式电子油门踏板的汽车中，ECU可以通过明确两路踏板位置电压信号之间的关联的方式来掌握踏板位置传感器的工作状态。一般来说，这种油门踏板通常被装配在对舒适度要求较高的乘用车当中。

在使用单路式电子油门踏板的汽车中，位于踏板处的位置传感器通常利用单个霍尔元件来对磁场进行检测。具体来说，单路式电子油门踏板电气原理如图5-9所示。

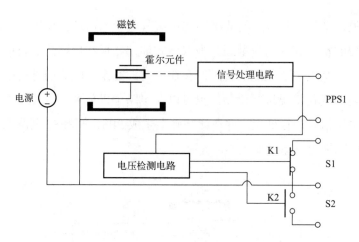

图 5-9　单路式电子油门踏板电气原理图

从原理来看,在单路式电子油门踏板电路中,电压检测电路可以借助检测踏板位置信号 PPS1 的方式来实现对怠速电子开关 K1 和非怠速电子开关 K2 的有效控制,确保两个开关的实际状态都能符合车辆的油门系统的要求;与此同时,ECU 也可以针对这两个开关的状态来管理发动机的工况。

德国 Miconas 公司已经开发出两种能够应用在电子油门踏板位置传感器中的可编程线性霍尔传感器,分别是霍尔传感器 HAL815 和霍尔传感器 HAL880。具体来说,霍尔传感器 HAL880 的原理如图 5-10 所示。

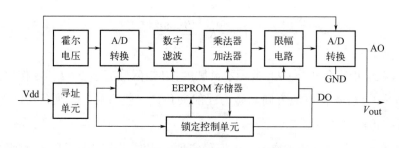

图 5-10　霍尔传感器 HAL880 的原理图

霍尔元件可以生成霍尔电压,而以放大、滤波、模数转换等方式处理过的霍尔电压可以在数模转换器(digital to analog converter,DAC)的作用下转化成模拟电压信号。

一般来说,霍尔芯片可以为汽车的线控油门系统提供一个具有标定参数存储功能的电擦除可编程只读存储器(electrically erasable programmable read-only memory,EEPROM),并利用编程软件来为各类相关寄存器编程,设置各个霍尔电压处理单元的参数,为用户针对自身的实际需求定义和调控传感器输出特性提供方便。

5.2 电子节气门

5.2.1 电子节气门的发展历程

现阶段,大部分汽车在长途高速行驶过程中都需要驾驶员一直将脚放在油门踏板上,因此驾驶员的驾驶舒适度较低,极易出现腿脚麻木、疲劳驾驶等问题,导致驾驶员难以及时对各项紧急情况做出应急动作,进而加大驾驶风险。

对于路面状况变化,驾驶员需要在头脑清醒、精力集中的状态下根据实际变化情况及时控制车辆完成加速、减速、转向等操作,但驾驶员的精力有限,无法长时间集中精力驾驶汽车,当驾驶员过于疲惫时可能会出现反应迟缓、操作失误等问题。

除此之外,驾驶员还具有非职业化的特点。随着车辆的密集化和高速化程度越来越高,驾驶员驾驶汽车的安全性也受到较大影响,导致交通安全问题日渐加重,汽车行业亟须进一步增强车辆的安全性能,提高汽车行驶的安全性和舒适性。

在雨天、雪天等特殊气候环境中,路面附着系数较低,汽车的制动性能下降,且制动距离变长,当车辆紧急制动时,可能会出现侧滑、掉头旋转等问题。不仅如此,当汽车左右两侧的车轮分别行驶在有车辙的雪路上和没有积雪覆盖的路面上时,车辆出现剧烈旋转问题的可能性更大,危险性也更高。在这种情况下,车辆会在紧急制动时出现方向失控问题,行驶在弯道上的汽车还可能会滑出路面或冲进对面车道。

除此之外,对于处于高速行驶状态下的车辆,驾驶员也难以及时在前方道路上出现障碍物时做出制动反应,导致交通事故频发。智能网联汽车中装配了能自动减小节气门开度的电子控制系统,能够大幅缩短车辆制动距离,减轻驾驶员的驾驶压力,进而充分确保道路交通安全和驾乘人员的人身安全。

在汽车油门系统发展初期,拉线机械连杆可以将机械式油门、加速踏板和节气门阀片连接到一起,由驾驶员通过踩压踏板的方式来调整节气门开度。这种油门系统被称为机械式油门系统,具有结构简单、无传感器、不能自动控制等特点。

具体来说，传统油门结构如图 5-11 所示。

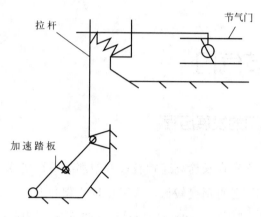

图 5-11　传统油门结构简图

近年来，电子技术和传感器技术飞速发展，汽车行业开始通过将节气门位置传感器装配到机械式油门上来向发动机控制单元传输节气门开度信号，以便控制发动机工作。就目前来看，传统的机械连接节气门已经不适用于车辆智能化、网联化发展的需求，而如上文所述，电子节气门作为线控油门系统中的关键组成部分，呈现出更加突出的优势。

电子节气门改变了以拉线来调整节气门阀片的控制方式，转而使用电机或执行器来实现对节气门的驱动。从原理来看，电子节气门需要以间接控制的方式实现对节气门开度的控制。具体来说，加速踏板位置传感器可以根据驾驶员施加在踏板上的力来获取驾驶员意图，并将其传送到发动机或动力系统的 ECU 当中，而 ECU 可以根据驾驶员意图向节气门驱动执行器发送相应的指令信息，达到控制节气门开度的目的。

在 20 世纪 80 年代中期以前，汽车中装配的节气门均为传统机械式节气门。此后，汽车电子技术的发展速度不断加快，对汽车性能的要求也越来越高，汽车行业开始加大对汽车节气门的研究力度，如德国宝马公司开发出世界上首台电子节气门，并将其应用到 BMW 750iL 顶级轿车当中。

从技术和成本来看，电子节气门控制系统的要求一直较高，因此大多装配在奔驰、宝马和奥迪等大型汽车企业所生产的高级轿车当中。近年来，能源问题日渐突出，汽车行业开始重视环保问题，同时控制技术的成熟度也越来越高。未来，电子节气门将会被广泛应用到各种级别的汽车当中。

电子节气门的功能正在不断增强。就目前来看，电子节气门已经具备巡航控制、怠速控制、自适应巡航控制等多种功能，能够实现对发动机的综合控制，且已经成为 BOSCH 发动机管理系统、Delphi 发动机管理系统等多种先进的发动机管理系统中的重要组成部分。

在电子节气门发展和应用初期，赛车、中载卡车和后转向轿车是其应用的主要领域，尤其是在宝马、奥迪、奔驰、丰田、雷克萨斯、沃尔沃等高级轿车中的应用十分广泛。现阶段，电子节气门已经开始被应用到波罗、帕萨特、别克等品牌的中档轿车当中。除此之外，我国的大众捷达柴油车中也装配了电子节气门系统。由此可见，电子节气门产品具有十分广阔的应用前景和市场。

5.2.2 电子节气门的类型划分

从世界范围来看，部分发达国家对电子节气门的研究开始较早，相关产品的成熟度较高，且已有部分产品实现规模化生产和市场化。近年来，电子节气门不再使用线性控制，转而使用非线性控制方式，用于驱动的电机也从步进电机改为直流电机。除此之外，汽车行业还提高了发动机的经济性、排放环保性和驾乘人员的舒适度，进一步强化车辆的综合驾驶性能，丰富车辆的控制功能，并充分发挥冗余设计、系统故障检测和失效保护等功能的作用，不断优化、完善油门系统。

由 Windows 平台下的 Delphi 开发的第二代电子节气门控制系统具备调整加速踏板响应速度、调整驾驶模式、海拔高度补偿、控制车辆行驶速度、调节发动机转速等诸多功能，且大多装配在大排量汽车当中，能够在发动机 ECU 中集成 ETC 处理器，并利用专门的微处理器实现对 ETC 主要输入信号和 ECU 工作情况的有效监测。

德国博世公司所使用的发动机管理系统 ME-Motronic 7.1 能够针对扭矩制定相应的控制策略，并与电子节气门控制系统协同作用，利用发动机 ECU 等工具接收来源于传感器和加速踏板模块的信号，同时充分发挥微处理器的作用来对各项信号进行处理，并输出可以驱动电子节气门的控制信号，进而实现对电子节气门的有效控制。系统中装配的监测模块能够检测并诊断出电子节气门存在的问题，充分确保电子节气门的安全性和可靠性。

未来，汽车电子技术将会随着汽车工业的发展而快速发展，我国必须加大对汽车电子技术的研究力度，学习其他国家的研究经验，提升自身在技术和产品方面的研究能力和创新能力。

根据节气门驱动执行器方面的差别，电子节气门可大致分成电液式、线性电磁铁式、真空膜片式、步进电机式和直流电机式五种，如图 5-12 所示。

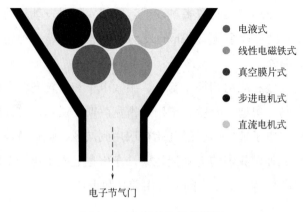

图 5-12 电子节气门的类型

（1）电液式

电液式电子节气门通常装配在具有液压源的智能网联汽车当中，大多具有成本低、驱动力强、结构复杂性低、环境温度耐受能力强等优势。但受供油压力变化、油温变化、油的黏度变化、控制阀启闭、负载的惯性质量和液压执行机构的摩擦力大小等因素的影响，电液式电子节气门同时也存在时滞现象严重、抗干扰能力不足、位置响应精度低、响应速度慢等缺陷，因此难以在各类汽车中普及应用。

（2）线性电磁铁式

从结构来看，此种电子节气门通常采用以进气歧管真空度控制的启动活塞式结构，且执行器活塞连杆连接着油门拉杆，能够根据二者之间力的情况来控制油门开关。具体来说，当执行器电磁线圈在输入信号的作用下接通电源时，压力控制阀芯会克服弹簧力向下移动，执行器气缸也会通过连接进气歧管的方式来降低压力，从而借助执行器活塞来牵动油门拉杆，并进一步通过油门拉杆的运动打开节气门。

快速通断压力控制可以调控气缸中的平均压力，而气缸中平均压力能够直接影响到作用于执行器活塞上的力的大小。具体来说，电磁铁会在执行器输入信号电位高时接通电源，在执行器输入信号低时切断电源，确保气缸中的平均压力与压力控制阀控制信号的占空比成正比，以便利用压力控制阀实现对节气门开度的有效控制。

（3）真空膜片式

此种电子节气门真空系统包括真空调节器、真空解除开关、节气门驱动伺服膜盒等多个组成部分，能够利用电磁阀和电控单元输出信号来调控空气进入量，进而达到控制伺服膜盒内部真空度的目的。同时，膜片也可以通过改变节气门位置的方式来控制节气门开度。例如，真空膜片式电子节气门可以利用机械部件和传动零件来实现对开度和真空度的调控，但这种节气门存在控制精度低、灵活性不足等缺陷，因此难以在各类汽车中推广应用。

（4）步进电机式

步进电机是一种能够将电脉冲信号转化为角位移或线位移的机电元件，能够在非超载的情况下防止负载变化对电机的转速和停止位置造成影响，通过向电机中输入脉冲信号的方式驱动电机转过步距角。步进电机式电子节气门可以利用步进电机来操纵节气门轴，并在此基础上控制节气门开度。

步进电机凭借以上优势以及无积累误差等特点实现了良好的定位控制，但与闭环控制的直流伺服电机相比，步进电机还存在控制精度较低、速度变化范围较小、低速性能较弱等不足之处。

对于在精度方面没有严格要求的场景，步进电机可以凭借自身结构复杂度低、可靠性强、成本低等优势来控制节气门开度。但步进电机的转速较低，因此步进电机式电子节气门难以实现高精度控制，而步进电机通常也不会作为驱动执行器应用到智能网联汽车当中。

（5）直流电机式

直流电机能够在磁场的作用下提供电动力。从原理来看，直流电流通过定子线圈时会形成可交替产生 N 极和 S 极的磁场，且磁场的方向与直流电流的方向相反，能够在转子旋转时产生响应，并在积累到等量的次数时为转子继续旋转提供力矩支持。

直流伺服电机凭借自身在响应速度和控制精度方面的优势实现了在电子油门驱动执行器中的广泛应用，就目前来看，大多数电子油门中所装配的电机都是直流伺服电机。

5.2.3　电子节气门的结构

汽车电子节气门控制（electronic throttle control，ETC）技术是随着电动汽车的发展而产生的，它是一种用于控制电子节气门开度的技术。ETC 系统的组成结构主要包括 ECU 和电子节气门体（electronic throttle body，ETB），ETB 一般安装于发动机进气管内。该系统基于传感数据、控制指令和节气门驱动装置实现与发动机管理系统（engine management system，EMS）的协同运行。该技术的优势在于：

● 电控单元检测到发动机扭矩的调节需求后，会根据当前车辆运行状态等信息，精确地控制节气门开度以调节发动机进气量，从而使发动机处于最佳工作状态，实现对车辆运行的精准控制，并提升乘坐车辆的舒适性。

● 该系统可以为车辆加速、减速、怠速等不同工况的平稳过渡提供支撑，并减少燃油或天然气损耗，一定程度上降低环境污染。

● ETC 系统能够实现与其他系统的高效协同，其中包括巡航控制系统（cruising control system，CCS）、驱动防滑控制系统（acceleration stability retainer，ASR）、车身稳定性控制系统（vehicle stability control，VSC）等。目前，ETC 系统逐渐成为高端车型的标准配置之一。

电子节气门具有机电一体化的特征，其主要结构包括位置传感器、控制系统和执行机构等（如图 5-13 所示），以下分别进行介绍。

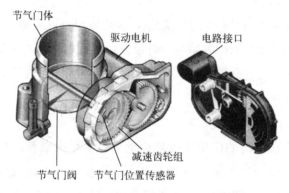

图 5-13 电子节气门的分解示意图

（1）节气门位置传感器

节气门位置传感器（throttle position sensor，TPS）的主要作用是检测节气门的实时开度状态信息，并将这些信息转化为电信号输出到电控单元，从而为闭环反馈控制提供支撑。根据工作原理不同，可以将 TPS 分为接触型和非接触型两种。

① 接触型 TPS。顾名思义，接触型 TPS 可以通过与节气门的直接接触来感知其位置。接触型 TPS 通常由一个固定的厚膜电阻电位器和一个可移动的节气门轴组成。当节气门位置改变时，节气门轴与电阻膜接触的触点位置随之改变，相应的电阻值也会转化为电压信号输出给 ECU。通常，接触型 TPS 采用双冗余式传感器（即二路传感器）的特殊设计，其输出信号呈互补式变化且与电压变化趋势相反，当其中一个传感器出现故障时，另一个传感器仍然能够为 ECU 提供准确的感知信息。这一设计有助于提高 TPS 的准确性、安全性、稳定性和可靠性。

② 非接触型 TPS。非接触型 TPS 是一种融合应用了霍尔效应、磁阻感应等原理的传感器，霍尔元件和磁场发生器是其主要组成部分。当节气门状态发生改变

时，会影响附近磁场的强度或位置，由此导致霍尔元件电阻的变化，电阻的变化情况将被转化为电压信号输入 ECU 中。一般来说，非接触型 TPS 较接触型 TPS 有更长的使用寿命。

(2) 控制系统

① 电子加速踏板。电子加速踏板是接收驾驶员操作指令的重要载体，也是控制系统的重要组成部分。当驾驶员踩下电子加速踏板时，踏板角度的变化值及变化速率等信息会被传递到节气门位置传感器，并转化为电信号输入至 ECU。

② 电子控制单元（ECU）。ECU 一般集成在 EMS 中，由若干控制模块和电子节气门控制器构成，它对电子节气门控制起到了关键作用。其主要任务是根据驾驶员的操作信息和车辆运行状态，计算出发动机的扭矩需求、转速、负荷、冷却液温度及节气门开度、进气量、点火时间等参数，由此生成控制策略，将控制指令传递到执行机构中，最终实现对发动机扭矩和输出功率的有效控制。

(3) 执行机构

电子节气门的执行机构主要包含电子节气门体（ETB）、驱动电机、减速齿轮组、复位弹簧等组成部分。

① 电子节气门体。电子节气门体主要由转轴和节气门阀片构成，如图 5-14 所示。节气门阀片一般呈椭圆形且具有一定的厚度。为了避免阀门关闭后卡在进气管中，节气门阀片的完全关闭角（即阀片与空气流进入阀体的方向之间的夹角）一般为 2°，而非 0°，因此节气门阀开度范围通常为 0°～88°。

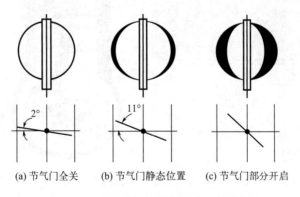

(a) 节气门全关　(b) 节气门静态位置　(c) 节气门部分开启

图 5-14　电子节气门不同开度时的位置

节气门阀处于稳定状态（或静止状态）时，其节气门开度通常在复位弹簧的支撑下保持在 11°左右，如图 5-14（b）所示。当驾驶员踩下油门踏板时，电子节气门体则根据 ECU 的控制指令将节气门阀调整至合适的开度位置。

② 驱动电机。驱动电机的主要作用是为节气门阀片提供合适的扭矩，因此有着较高的精度、响应速度和频率的要求。目前，12V 的直流伺服电机在电子气节门控制方面有着广泛应用。为了平滑电流峰值、提高系统稳定性并降低功耗，发动机电控单元（ECU）通过 2 个脉宽调制（PWM）通道分别输出信号，控制与 H 桥驱动（EMS 系统的一部分）连接的 2 组功率晶体管同时导通；同时，可以通过调整脉宽调制信号的占空比来控制驱动电流及电机扭矩，脉宽调制信号又传递到减速齿轮组，进而改变节气门开度。

③ 减速齿轮组。减速齿轮组与驱动电机和节气门阀相连，齿轮装置包含主动齿轮（如图 5-15 中的 n_p）、中间齿轮（如图 5-15 中的 n_m、n_i）和从动齿轮（如图 5-15 中的 n_v）。

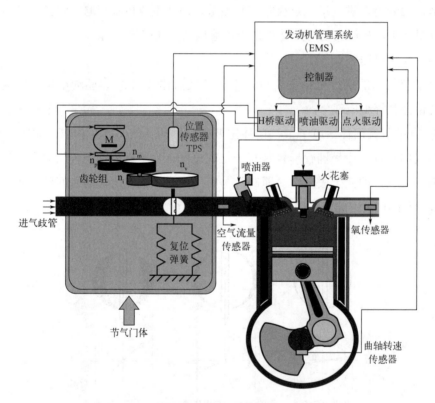

图 5-15 ETC 系统结构

其中，2 级齿轮的减速作用可以使扭矩增大，从而降低电机转动造成的运动冲击，促进力矩的平稳传递。在系统排布方面，力矩的改善为减小电机尺寸、节气门尺寸提供了条件，促进布局优化，使整个 ETC 系统的结构更为紧凑。

④ 复位弹簧。电子节气门体的结构中配置了 2 个弹性系数不同的、具有一定预

紧力的复位弹簧，其主要功能就是在电子节气门失去驱动力时，即驱动电机的输出扭矩为零时，为节气门阀片提供一个反向力矩，促进其回到适当开度。其中，主弹簧一般用于关闭节气门，另一个弹簧则配置在阀门的柱塞总成上，用于支撑节气门阀片处于默认开度。在复位弹簧力矩的作用下，节气门阀片所处的复位位置被称为"L-H（Limp-Home）位置"，当发动机出现故障时，这个位置能够保证发动机的进气量需求，辅助汽车"跛行"到达维修点。

5.2.4 电子节气门的控制策略

（1）基于发动机扭矩需求的节气门控制

传统油门的节气门控制依赖于机械结构和驾驶员对加速踏板施加的作用力，而电子节气门系统机构不同于传统的节气门控制系统，对电子节气门的控制不仅受到驾驶员操作的影响，实际上，电控单元在控制过程中也发挥了决定性作用。电控单元检测到驾驶员对踏板的作用力以后，会根据整车实时运行信息、发动机扭矩需求信息等计算出节气门的最佳开度，以实现对电机驱动节气门的精准控制。

在控制过程中，电控单元对节气门的调节并不完全与驾驶员的操作一致。电控单元可以基于整车运行数据计算出所需的理论扭矩；同时，电控单元可以根据点火提前角、发动机转速和负荷等信号计算出实际所需扭矩；然后将理论扭矩值与实际扭矩值进行对比，如果存在偏差，再通过规定的系统算法进行纠偏，使实际扭矩值与理论扭矩值趋于一致。

（2）传感器冗余设计

电子节气门系统一般配有2个节气门位置传感器和2个踏板位置传感器，并通过特定方式进行连接，使得两个传感器阻值变化量之和为零。当同时对两个传感器施加等量电压时，二者输出的电压信号量之和等于供电电压。

从控制角度来说，虽然仅使用一个传感器就能够实现正常功能，但传感器冗余设计最大的作用在于：两个传感器可以相互进行检测，如果其中一个发生故障，则能够及时被另一个检测到，且几乎不影响车辆的运转，由此大幅提高了系统的安全性、可靠性和风险应对能力，从而保障驾驶安全。

（3）可选的工作模式

在电子节气门系统中，可以为驾驶员提供动力模式、正常模式和雪地模式等多种不同的工作模式，驾驶员可以根据具体行车场景进行选择。不同工作模式的区别在于节气门对加速踏板的响应速度不同。例如，在动力模式下，节气门对加速踏板的响应速度较快，从而及时满足发动机的动能需求；在正常模式下，节气门对加速踏板的响应速度处于一般水平，能够适应大部分工况；在路面结冰、积雪、泥泞等轮胎附着力较弱的工况下，节气门对加速踏板的响应速度降低，以减小发动机输出功率，从而避免轮胎打滑，保障车辆平稳行驶。

(4) 海拔高度补偿

在一些海拔较高的地区，随着大气压下降，空气中的含氧量也有所减少，氧气供给量的降低也会导致发动机输出动力下降，因此需要对电子节气门控制策略进行调整。电子节气门系统可以根据海拔高度和大气压强的相关性，计算出缺氧条件下与发动机功率匹配的节气门开度值，对节气门阀片开度进行主动补偿控制，以确保发动机提供稳定、充足的驱动力。

(5) 控制功能扩展

在电子节气门系统发展的初期，其功能比较单一，通常为一个机械式主节气门与一个相对应的电控辅助节气门配合使用。而目前大部分汽车上可以搭载独立、完整的电子节气门系统，其结构较原先更为简化，同时可以实现多种电子控制功能，车辆的安全性、可靠性提高。

① 牵引力控制。牵引力控制系统也被称为驱动防滑控制系统（ASR），该系统不仅能够辅助提高车辆牵引力，还可以有效保持车辆稳定性。系统可以实时监测车辆加速度、车轮转速等状态信息，如果车轮出现打滑现象，则可以通过控制节气门开度、调整发动机输出扭矩和制动力分配等方式将滑移率控制在一定范围内，从而保持车辆平稳运行。

具体实现方法是：控制单元依托于传感器获取车辆状态信息及各类动态参数，包括车轮速度、方向盘转向角度、加速踏板位置等，对这些信息进行综合计算后得到滑移率和相应的控制策略，并通过数据总线把控制电压信号传递至执行器中，完成对节气门开度等参数的调整，以改变发动机的运行功率。控制单元进行信息处理、信号传递的过程非常短暂且不会受到驾驶员操作的影响，因此可以有效避免驾驶员误操作带来的安全风险。

② 巡航控制。巡航控制系统（cruise control system，CCS）也被称为"定速巡航系统"或"速度控制系统"，其主要作用是自动控制油门以使车辆保持固定的行驶速度，从而减轻驾驶员的疲劳度，改善驾驶体验。

具体实现方法是：控制单元根据各类传感设备提供的车速、车轮阻力变化等信息，计算、处理后输出节气门控制信号，从而自动调节节气门开度。例如，当车辆上坡时，增加节气门开度，确保发动机有足够的功率；当车辆下坡时，减小节气门开度以避免车速过快。

③ 怠速控制。在怠速控制（idle speed control，ISC）方面，电子节气门系统不再采用怠速调节阀装置，而是通过 ECU 直接控制节气门开度来改变发动机怠速状态。怠速控制的过程，实际上是利用怠速控制系统调节进气量的过程。系统根据空调压缩机工作信号、发动机冷却液温度信号和变速器挡位信号等，将节气门开度调整并维持在合适的位置，从而保持发动机稳定运转。

一般来说，当发动机怠速运行时，其转速较低，功率仅用于维持自身运行而不对外输出；节气门开度为最小值（即处于全关位置），进入发动机的空气量是恒定的。当驾驶员踩踏油门踏板时，怠速执行器调节节气门开度，增加进气量，并协同点火提前角控制、喷油量控制系统改变怠速工况，进而实现发动机从怠速运行到加速运行的稳定过渡。

怠速控制系统不仅能够支持稳定的怠速控制，还可以集成各种附加装置或功能，满足多种场景下的电子节气门控制需求。同时，各类功能的集成有利于简化进气系统，促进驱动模块结构的优化。

第 6 章

智能网联汽车线控换挡系统

6.1 线控换挡系统概述

6.1.1 线控换挡系统的演变

线控换挡（shift by wire）系统是一种颠覆传统机械结构、利用电控线路实现挡位控制的换挡系统。传统的手动换挡机构与变速器之间由拉线连接，拉线是传递作用力的重要媒介，在机构排布方面需要为其预留足够的活动空间。而线控换挡系统摆脱了机械配件的束缚，换挡杆可以采用更加轻便、灵巧的旋钮式或按钮式结构，体积减小的同时，整个换挡操作过程也更为智能。

随着算法技术、机械技术的发展，线控换挡系统将在汽车电动化、智能化发展的过程中发挥越来越重要的作用。另外，变速箱也是线控换挡系统的重要组成部分，不同类型的变速箱通常也要匹配对应类型的换挡杆。基于换挡杆与变速箱之间的连接方式的发展，换挡系统也逐渐由机械式向电子式过渡，以下我们从这一角度切入，对换挡系统的发展进行简要介绍。

（1）机械式换挡

就传统的机械式换挡系统来说，换挡杆挡位数量变化直观体现了该系统技术的发展进程。早期的换挡杆只有两个挡位，驾驶过程中需要人工完成踩离合、摘空挡、轰油门、踩离合等步骤以实现换挡。后来，换挡同步器的应用有效解决了变速箱打齿、挂不上挡等问题，使得换挡操作更为简便、流畅，驾驶车辆的安全性进一步提升。

随着汽车制造技术、机械技术的发展，逐渐出现了五挡和六挡手动变速箱，与之对应的五挡、六挡手动换挡系统也随之普及，成了目前汽车的基本配置。

自动变速箱的应用代表着换挡系统技术的又一次飞跃。目前，自动挡车型的换挡操作不再需要踩离合，甚至不用手动挂挡，车速改变后即可自动换挡，这使驾驶动作进一步简化。自动挡汽车由于操作的便捷性，受到了新手驾驶员的青睐。积极的市场反馈促进了自动挡汽车的发展，各大汽车厂商围绕"自动挡"不断推出换挡系统的优化设计。其中，自动挡车型的机械换挡杆主要可以分为阶梯式和直排式两种。

● 阶梯式：又称为"蛇形式"，是最为常见的自动挡挡位设计之一，大多见于日系车。这一设计的优点是为驾驶员提供了明确的换挡"路径引导"，不容易挂挡错误；但也存在挂挡不够流畅的局限性。

- 直排式：直排式是应用最为普遍的挡位设计，具有换挡快速、直接的优点，但也容易出现挂挡错误的情况。

（2）线控换挡

线控换挡也称为"电子换挡"，最早被应用在宝马 7 系（E65/E66）的车型上，其变速杆布置采用了怀挡形式。后来，宝马在其 X5（E70）车型上，首次以"电子式换挡杆"作为主要卖点，有力推动了线控换挡系统的普及和相关技术的发展。

线控换挡系统摒弃了传统的会占据大量空间的机械结构，其变速杆配置更为小巧、灵活。基于线控自动变速器的技术优势，不同厂商采用了多样化的变速杆形态设计：

- 怀挡式：以奔驰 S 级、宝马 7 系（E65/E66）、别克 GL8 等车型为代表；
- 按键式：以本田冠道、阿斯顿·马丁 Vantage F1 Edition、林肯 MKZ 等车型为代表；
- 挡杆式：以宝马 5 系、奥迪 A8L 等车型为代表；
- 旋钮式：以路虎极光、长安新蒙迪欧、长安福特金牛座、长安奔奔、凯翼 C3、奇瑞 EQ、北汽 EC180、北汽 EV200 等车型为代表。

6.1.2　线控换挡系统的结构与原理

线控换挡系统完全摒弃了挡位和变速器之间的机械连接，主要借助旋钮和按键等全新的交互件控制车辆的挡位在前进挡、空挡和倒挡之间切换，充分发挥电子系统的作用，在硬件层面为智能网联汽车实现速度控制提供支持。

线控换挡系统的应用让汽车不再需要装配用于连接换挡操纵机构和变速箱的拉索和推杆，也不再使用机械连接的方式来连接变速器和变速杆，这大大降低了系统结构的复杂性，为换挡杆位置的确定和操作界面的设计提供了方便，达到了降低了换挡操作难度的目的。

与传统的手动换挡系统相比，线控换挡系统有着诸多优势：

- 结构简洁，轻量化的元件配置缩小了系统体积，节约了更多空间；
- 布置位置灵活，变速杆形态设计可扩展性强，操作简便，能够满足不同用户个性化的审美需求和操作需求，提升驾驶体验；
- 有利于附加功能或系统的集成，包括 P 挡自动回位、全自动泊车、车门打开安全保护、驾驶员安全带保护、多重硬线唤醒、手动挡或运动挡模式切换等功能；

● 控制系统的智能判断有利于避免因驾驶员误操作导致的变速箱损坏，可以在一定程度上培养驾驶员正确的换挡操作习惯。

德国的宝马汽车公司通过将线控换挡系统与 MDKG 七前速双离合器变速器融合的方式来简化汽车换挡动作，防止驻车挡（P 挡）卡滞。就目前来看，宝马汽车公司已经将这一系统广泛应用于所有的车型当中，为汽车的换挡控制提供方便。宝马线控换挡系统变速杆如图 6-1 所示。

图 6-1　宝马线控换挡系统变速杆

（1）线控换挡系统的结构

线控换挡系统主要由三个模块构成，如图 6-2 所示。

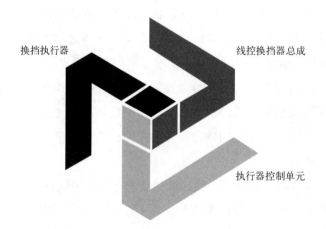

图 6-2　线控换挡系统的构成

① 线控换挡器总成。该模块汇聚了挡位显示、解锁按键以及线控换挡器模块，用以识别驾驶员的操作，进而向整车总线传输相关指令信号；

② 执行器控制单元。主要负责在接收到指令信号后，对驾驶员操作的合理性进

行分析，如若合理，生成目标挡位并控制执行器电机进行换挡操作；

③ 换挡执行器。由传感器、减速机构与换挡电机构成，用于执行换挡操作，利用机械传动来操作换挡轴，完成挡位切换。

（2）线控换挡系统基本原理

线控换挡这项操作是一个信号转化、传输、执行与反馈的闭环操作，整个过程比较复杂。在换挡信息流向的基础上，我们可以对该系统的基本原理进行简要介绍，其原理可参见图6-3。

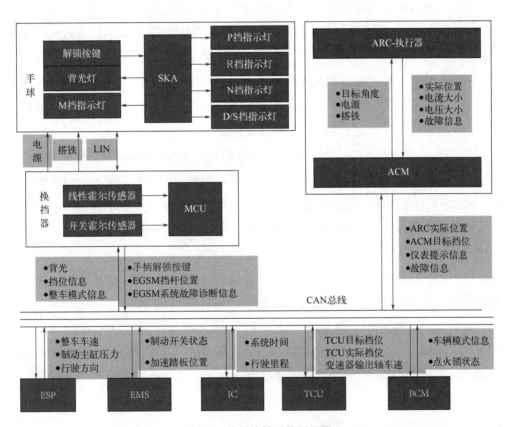

图6-3 线控换挡系统原理图

当驾驶员想要进行换挡操作时，要根据汽车的使用说明来操作换挡手柄，例如按下解锁键、前后推拉操作换挡手柄，这时车辆的线控换挡控制器会凭借传感器将操作指令转化为通信信号传递给控制器局域网总线，在这个过程中也会将解锁键的状态信号一同传递，便于控制器进行操作前的分析判断。

换挡执行器接收到这些信号之后，会结合车速信号、制动信号、加速踏板信号等整车的环境信号进行逻辑判断，分析驾驶员的换挡操作是否合理：若判定为合理，则会控制换挡执行器完成此项机械动作；若判定结果不理想，则不会完成这项操作，并且会利用车辆仪表盘为驾驶员提供反馈以及错误操作的提示。

在换挡执行器完成相应操作之后，系统内部的传感器会采集相关执行结果并将其反馈给执行器控制单元，由此实现校验闭环。与此同时，变速器的控制单元会把目前的挡位信号传递给控制器局域网总线，线控换挡器总成会识别这一信号，并将其反映在换挡手柄附近的显示模块中，用以告知驾驶员目前整车的挡位状态，从而构成整个换挡操作的闭环机制。

与线控底盘的其他系统类似，线控换挡系统也是通过控制器局域网总线实现信息传递与车辆运行状态控制的，同时可以在 LIN（local interconnect network，局域互联网络）总线的辅助下实现背光灯随挡增亮、面板按键显示等功能。

线控换挡系统作为有着较高精度要求和响应速度要求的电子机械系统，其复杂程度远远超过传统的手动换挡系统。相关机构研发不再仅仅依靠独立的资深结构工程师，还要依靠专业化电子系统研发团队来完成。

当驾驶员操作挂挡时，传感器就会将采集到的具体挡位请求信号传递到变速箱控制单元（transmission control unit，TCU）中，TCU 根据该信号和其他车辆运行状态信息（例如车门开关状态、当前车速、发动机转速和节气门开度等）进行判断、决策。

如果判断通过（即车辆符合挂挡条件），TCU 就会发出执行指令，通过对变速箱电磁阀通电或断电的控制，改变液压控制阀的通断状态，进而实现挡位自动切换，操作完成后再将执行的挡位信息反馈到仪表盘显示。同时，传感器控制单元也会根据接收到的反馈挡位信号点亮副仪表板上的挡位指示灯。

如果 TCU 判断车辆不满足挂挡条件或驾驶员误操作，例如 TCU 在车辆高速运行时接收到 R 挡挂挡请求，则会判断该信号为错误信号，不会向变速箱发送执行指令，同时将拒绝执行的信息反馈到仪表盘中。

6.1.3 换挡器的工作原理

换挡器是一种装配在汽车、摩托车等机动车当中的换挡设备。从工作原理来看，换挡器可以连接或分离轮轴上的离合器和齿轮，并借助传动系统将发动机动力传至车轮处，利用发动机和传动系统来带动车轮按照相应的速度转动，进而实现对车速的控制。

换挡器主要包括离合器、齿轮、变速机构等组成部分。其中，离合器与发动机和变速机构相连接；齿轮可以借助齿轮轴连接车轮，具有变速功能，同时也能向车轮传递动力；变速机构可以对离合器和齿轮的连接状态进行控制，充分确保齿轮比例能够符合车辆驾驶需求。

当车辆处于行驶状态时，发动机需要利用离合器来进行功率输出，同时车轮可以借助变速器来获取发动机产生的动力；当车辆处于空挡状态时，离合器分离，车轮将不再得到发动机的动力；当车辆的离合器处于连接状态时，车轮可以借助传动系统来获取发动机产生的动力，并利用该动力驱动汽车行驶。

换挡是车辆驾驶员调整车速的方式。具体来说，换挡主要包括离合和挂挡两个环节：在离合环节，车辆驾驶员需要先通过踩压离合器踏板的方式分离发动机和传动系统，防止车轮接收到发动机产生的动力，进而达到使汽车在无动力的情况下缓慢停止的目的；在挂挡环节，车辆驾驶员需要拉动变速机构的挡位杆，牵动齿轮来完成挡位切换，确保新挡位的齿轮符合发动机转速的要求。

由此可见，换挡器是一种通过调控离合器和齿轮之间的连接状态来控制汽车发动机的输出动力和车辆行驶速度的机械装置。从工作原理来看，换挡器能够在综合应用离合器原理和齿轮原理的基础上协同变速机构为车辆驾驶员按需选择齿轮比例提供支持，并根据驾驶员所选的齿轮灵活调控车辆的行驶速度。

近年来，科学技术飞速发展，换挡器也随之不断升级。就目前来看，换挡器可以按照传动方式划分成手动换挡器和自动换挡器两大类。具体来说，手动换挡器就是需要车辆驾驶员以拉动挡位杆的方式切换汽车挡位的换挡器，而自动换挡器是一种可以利用电子控制系统采集和分析车速、转速等相关数据信息并根据分析结果自动将汽车挡位调整至最符合车辆的实际情况的换挡器。

（1）手动换挡器的工作原理

在手动挡汽车中，车辆驾驶员需要拉动挡位杆，牵动齿轮来转换挡位。一般来说，手动换挡器中的齿轮主要由主动齿轮和从动齿轮两部分构成，其中主动齿轮连接着发动机转子，从动齿轮则连接着车轮。手动挡汽车的变速机构可以在挡位杆被拉动时充分发挥离合器和发动机的作用，重新组合齿数各异的各个齿轮，并对主动齿轮和从动齿轮的连接状态进行调整，进而为车辆驾驶员切换汽车挡位提供支持。

车辆驾驶员在以推动或拉动的方式将挡位杆置于某个挡位时，车辆的变速机构会分离相应的齿轮和离合器，并连接发动机的齿轮，实现挡位切换。但装配手动换挡器的汽车在换挡时通常需要由驾驶员来进行手动操作，对驾驶员在挡位杆操控等方面的驾驶能力要求较高。

（2）自动换挡器的工作原理

自动换挡器具有自动化和智能化的特点，能够利用电子监控系统对车辆的行驶速度和发动机转速以及驾驶员的需求等进行实时监控，并根据各项信息自动将车辆的挡位调整至最符合车辆实际情况的状态。

自动换挡器主要由液力变矩器、行星齿轮系和电子控制系统组成。其中，液力变矩器能够向行星齿轮系传递发动机产生的转动力矩；行星齿轮系可以在液力变矩器的支持下调整各个挡位的传动比例；电子控制系统可以利用汽车中装配的传感器设备采集车速、转速等数据信息，并在已经设定好的换挡逻辑中选择符合汽车实际需求的挡位。

当汽车提高行驶速度时，电子控制系统会在达到相应的转速时通过切换挡位的方式陆续抬高换挡点，确保车辆能够稳定提升行驶速度；当汽车降低行驶速度时，电子控制系统也会针对汽车的车速和转速自动将挡位切换到符合车辆降速要求的挡位上，确保汽车实现良好的制动效果。不仅如此，自动换挡器还能够在电子控制系统的作用下支持车辆实现运动模式、经济模式等多种挡位模式，充分满足车辆在各种驾驶条件下对挡位模式的要求。

除此之外，无级变速器（continuously variable transmission，CVT）也是机动车中常用的一种换挡器。这种换挡器中通常会装配位置可调节且连续可移动的传动带或链条，能够无级连续变换传动比，并在此基础上切换汽车的挡位。

CVT 中融合了变径轮原理，可以借助对变径轮的调整来实现对传动比的合理调整。从构造方面来看，CVT 主要由驱动轮、从动轮和变速器构成。其中，驱动轮可以在发动机的作用下运动；从动轮可以借助与驱动轮相连且位置可调的带轮获取动力来进行运动。一般来说，驱动轮的直径可以影响到从动轮的直径和传动比，因此CVT 可以通过不断对传动比进行调整的方式来确保发动机的转速始终处于最佳区间，进而达到提高燃油经济性和驾驶稳定性的效果。

总而言之，换挡器既能传递发动机所产生的动力，也能调节车辆的行驶速度，是汽车传动系统的重要组成部分。对汽车驾驶员来说，可以在了解各类换挡器的工作原理和优缺点的前提下为车辆装配符合自身实际情况的换挡器。

近年来，科学技术的快速发展驱动了换挡器的创新发展和优化升级，越来越先进的换挡器在各类汽车中的应用也进一步提高了驾驶的安全性、经济性和舒适度。

6.1.4 线控换挡系统的案例分析

（1）丰田混动车型线控换挡系统

丰田混动车型线控换挡系统主要由 ECU、变速器、驻车开关、驻车执行器、挡位指示器、混合动力汽车（hybrid vehicle，HV）ECU 和驻车控制 ECU 等设备构成。丰田混动车型线控换挡系统的结构如图 6-4 所示。

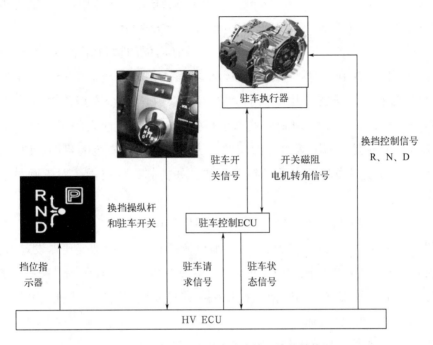

图 6-4　丰田混动车型线控换挡系统的结构图

丰田混动车型线控换挡系统可以借助换挡操纵杆和驻车开关来实现人机交互。

当汽车处于正常行驶状态时，通常会用到前进挡、空挡和倒挡三个挡位，其中，前进挡通常用"D"来表示，空挡通常用"N"来表示，倒挡通常用"R"来表示。丰田混动车型线控换挡系统能够利用位于变速杆上的传感器来采集动作转换信息，并将这些信息转化成执行电信号传输到 HV ECU 当中，以便 HV ECU 对各项信号进行分析计算；同时，变速器可以接收来自 HV ECU 的计算结果，以便根据挡位信号来控制车辆改变行驶挡位并点亮相应的挡位信号灯。

从工作原理来看，丰田混动车型线控换挡系统中的 HV ECU 系统能够在驾驶员操控驻车开关时获取执行电信号并对这些电信号进行计算处理，驻车控制 ECU 将会接收来自 HV ECU 系统的电信号计算结果并利用磁阻式传感器来获取驻车执行器电机转角信号，进而精准掌握汽车当前的状态。具体来说，驻车控制 ECU 会在驻车执行器电机的转角等于 0 时执行驻车动作，同时点亮仪表盘上与之对应的指示灯；也会在驻车执行器电机的转角不等于 0 时驳回驻车指令，拒绝完成驻车动作。

从执行逻辑来看，换挡操作具有瞬时性的特点，当驾驶员开始操控换挡时，系统中的变速杆→HVECU→驻车执行器→挡位指示器驻车开关→HVECU→驻车控制 ECU→驻车执行器（P 挡位）和驻车 P 指示器会依次发挥作用，控制汽车快速变换挡位；当驾驶员不再操控变速杆时，变速杆又会快速归位。

由此可见，驾驶员可以在不参考汽车当前挡位的情况下直接操控变速杆，将汽车的挡位切换到自身所需挡位；当车辆完成挡位变更后，挡位指示器会立刻显示出汽车当前正在使用的挡位，为驾驶员判断是否完成换挡操作提供方便。汽车使用线控系统来控制变速器进行换挡，能够降低人的参与度，进而有效避免出现由各类人为因素引起的问题，达到保障行车安全的目的。除此之外，ECU 系统还能及时发现驾驶员的错误操作，并控制换挡范围，对驾驶员进行提醒和示警。

具体来说，驾驶员若要操控变速杆从 P 挡挂到其他挡位，必须先踩下制动踏板；如果驾驶员将变速杆从 D 挡挂到 R 挡，那么换挡 ECU 将会把变速器设置为空挡；在驾驶员将变速杆从 R 挡挂到 D 挡的过程中，如果没有完全踩下制动踏板，那么换挡 ECU 将会把变速器设置为空挡；如果换挡 ECU 发现变速杆并未挂入 P 挡，那么将会控制汽车电源持续接通。

（2）奥迪 Q7 线控换挡系统

奥迪 Q7 线控换挡系统的变速杆由多项设备共同组成，如盖罩、解锁键、选挡杆、防尘罩、插接器、P 挡键、换挡范围显示、换挡操纵机构和换挡操纵机构盖板等。奥迪 Q7 的线控换挡系统实物图和奥迪 Q7 的线控换挡系统变速杆结构如图 6-5、图 6-6 所示。

图 6-5 奥迪 Q7 的线控换挡系统实物图

第6章 智能网联汽车线控换挡系统 | 163

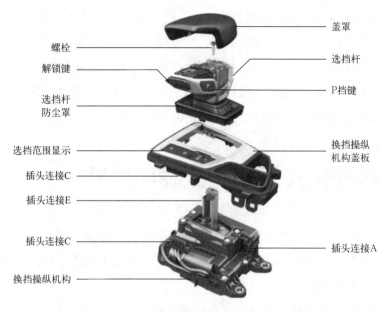

图 6-6　奥迪 Q7 的线控换挡系统变速杆结构图

奥迪 Q7 线控换挡系统的变速杆底部装配了 Tiptronic 挡位锁止电机和挡位位置锁止电磁阀，能够为多种复杂度较高的安全换挡逻辑提供支持，并实现用户体感交互。

锁止机构如图 6-7 所示。汽车中的变速杆既可以往前推动，也可以往后推动。

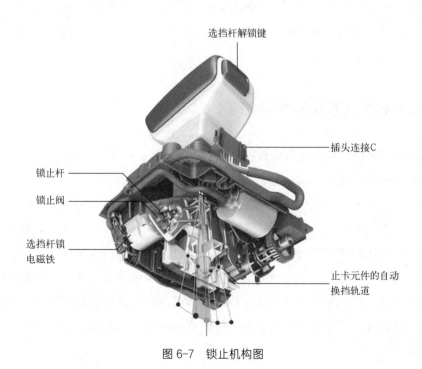

图 6-7　锁止机构图

当变速杆位于 D 挡时，锁止杆将会借助挡位位置锁止电磁阀来从底部锁住变速杆，防止变速杆被往前推动，在这种情况下，变速杆只能被往后推动到 D 挡位或 S 挡位上。奥迪 Q7 的线控换挡系统中装配了大量位置传感器，能够精准、高效感知自动挡位置、Tiptronic 挡位位置和变速杆横向锁位置，从而为驾驶员掌握变速杆位置提供方便，同时也能够根据挡位位置和换挡逻辑来控制挡位变化。

6.2 线控换挡系统的故障与诊断

当前网联化、智能化的发展不断为智能汽车的发展赋能，在这个过程中线控换挡系统也逐渐得到普及和应用，而且其使用已不再局限于高档车型，在我国一些中端汽车中也在普遍使用。

与传统的机械式切换挡位不同，线控换挡系统主要利用整车 CAN 总线信号通信的方式来切换挡位，为驾驶员轻便、舒适地操作挡位提供了极大便利性，它也是智能网联汽车不可或缺的一部分。因为这种换挡方式涉及信号指令的传输，所以其失效的模式和原因相较于传统方式更为多样与复杂。

通过上文中对汽车线控换挡系统基本原理的介绍可以看出，在线控换挡操作的过程中控制器之间的信息交互十分频繁，在信息流进行传输时一旦出现问题，就会导致整个换挡过程失效或者产生故障。下文我们主要从外部与内部两个角度分析线控换挡系统的故障。

6.2.1 线控换挡系统的外部故障

线控换挡系统外部故障可能有以下几个方面。

(1) 供电电压过压 / 欠压故障

供电电压的过高或过低会影响线控换挡系统的运转。通常情况下，该系统的供电端是汽车蓄电池，该系统组件正常运行的电压为 9～16V，当供电端的电压不在这一规定电压区间的时间较长时，系统内部（包括线控换挡器和换挡执行器等）的电气元件会停止运转，从而无法完成换挡操作。这种情况发生时，车辆无法进行换挡，挡位的显示模块无法正常工作，仪表盘会提示换挡系统故障或失效。不过这种情况比较好处理，只需将车辆的供电电压调整到所要求的区间，就可以使系统再次正常运转。

（2）环境信号输入故障

根据前文中的介绍可以知道，换挡执行器在执行指令之前会对整车的环境状态进行信号采集以及逻辑分析，进而判断驾驶员的该项操作指令是否具有合理性。系统通常会收集大量环境信号，包括加速踏板信号、制动踏板信号、挡位信号、车速信号、供电模式信号、行驶方向信号等，之所以收集如此多的环境信息，是因为每一个信号都会对系统的正常工作产生或大或小的影响。

举例来讲，在车辆速度过快的情况下，一般不准许驾驶员直接换至 P 挡，这主要出于对系统变速器的结构保护以及对整车安全的考虑；在没有踩死制动踏板的情况下，一般不准许驾驶员换出 P 挡，主要是为了防止驾驶员因误碰造成危险。

通过对以上两种情况的分析可知，采集整车的环境信号对于系统进行换挡操作的逻辑分析尤为关键，因此一旦发生环境信号丢失或者信号传递、输入错误，就不能够完成相应的逻辑分析，由此造成换挡功能故障或者失效。

（3）总线掉线故障

控制器局域网总线承载了全车所有系统之间信号交互的工作。换挡执行器控制单元与线控换挡器是控制器局域网总线的重要节点，二者也会识别和传输相关信号到总线上，所以一旦总线产生问题，也会造成线控换挡系统故障。

通常，我们遇到的总线掉线（bus off）的原因有以下几种：一是源控制器自身的软硬件问题或其接插件接触不良；二是源控制器电压过高或过低造成通信故障；三是控制器局域网主干线问题或其他控制器失效造成的总线问题，比如负载率变高、错误帧增多，由此导致信号的延时乃至丢失等故障。

6.2.2 线控换挡系统的内部故障

（1）线控换挡器总成故障

线性霍尔传感器作为换挡器内部的重要组件，可以轻松实现把驾驶员的换挡动作转换为电压信号，从而帮助系统识别换挡操作。一般情况下，换挡器总成内部会配置双路线性霍尔传感器，进行相互检验，以此增强识别操作的可信度。该传感器的故障主要有以下两类情况：

① 双路霍尔传感器对变速杆位置数据进行同时采集，但其均为错误数据，也就是说两个数据都不处于正确范围之中，不能够有效判断此时操作变速杆的准确位置。

② 如果双路霍尔传感器对变速杆位置采集的数据均有效，即符合范围标准，不

过在相互校验时两个数据之间的差值过大，超出了规定的偏差区间，那么系统会认定传感器校验失败，数据也会失效。

上面两种情况都会导致系统的换挡故障，不能够及时完成驾驶员发出的指令，不过系统会将相应的故障通过舱内仪表反馈给驾驶员，提供相应的故障原因。

（2）变速杆卡滞故障

目前市场上使用较为广泛的是复位式变速换挡器，如图6-8所示。图中，X0是变速杆的初始位置，在没有外力作用时变速杆会一直停留在这个位置，是独有的稳态位置；其余四个位置R1、R2、F1、F2均不是稳态位置，也就是说，当驾驶员把变速杆由X0位置推拉到以上四个位置中的任意一个位置后，一旦放开变速杆，其都会回到X0这个初始位置。

变速杆卡滞故障通常是由换挡器内部软硬件损坏造成的。这种情况下，霍尔传感器会通过多次识别检测到变速杆的位置在非稳态位置上停留过久而没有复位至X0，此时系统会判定变速杆发生卡滞故障，不能够及时完成驾驶员发出的指令。系统会将此故障状态通过仪表反馈给驾驶员。

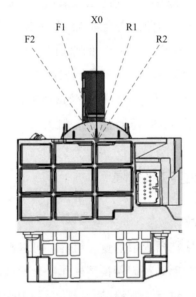

图6-8 复位式变速换挡器总成示意图

（3）换挡执行器控制单元故障

前文中我们曾介绍过在换挡执行器完成相应操作之后，系统内部的传感器会采集相关执行结果信息并将其反馈给执行器控制单元，由此实现校验闭环。不过，若换挡执行器所反映的挡位状态与目标挡位在规定时限内没有完成校验，系统则会将这种情况视为换挡超时，这时系统不能够及时完成驾驶员发出的指令，但是会将此故障状态通过仪表反馈给驾驶员。

(4) 换挡执行器故障

① 换挡执行器卡滞故障。执行电机与减速齿轮机构是换挡执行器的主要组件，有时其内部会混进杂物或结构损坏而影响执行器工作，有时电机负载过大也会使执行器运转受到阻碍，产生卡滞故障。出现上述情况时，换挡执行器的控制单元会监测其自身的状态，通过相应的卡滞条件来判断是否为卡滞故障：首先判断在此过程中该电机电流是否超过了规定的阈值，其次判断执行器输出端旋转角速度是否小于规定阈值，如果以上两个判断结果均为"是"，那么可以判定是执行器卡滞故障，这时系统不能够完成驾驶员发出的指令，但是会记录故障并将故障状态通过仪表反馈给驾驶员。

② 换挡执行器传动失效故障。若换挡执行器的齿轮传动结构发生故障，比如齿轮磨损、断齿等，换挡执行器的控制单元也会凭借监测其自身的状态来判断是否为换挡执行器传动失效故障。它会先监测电机的电流，判断其是否在正常数值范围之内，如若正常，可以证明发动机正常运转，未进入失效模式；再监测执行器输出端旋转角速度，判断其是否小于规定阈值，如果小于阈值，可以判定电机的扭矩输出没有完成转化，传动失效，这时系统不能够按时完成驾驶员发出的指令，但是会记录故障并将故障状态通过仪表反馈给驾驶员。

③ 电机驱动电路开路、短路故障。执行电机的驱动电路短路或开路，使得电机无法正常工作而造成的故障。短路故障和开路故障的表现不同：短路故障的表现是控制监测的电机回路电流大于规定阈值，同时驱动电机的占空比小于阈值，这时系统会判断其为短路故障；与短路故障相反，开路故障的表现是监测电机的回路电流趋近于0，远小于规定阈值，且驱动电机占空比大于阈值，此时系统会判断其为开路故障。此时系统不能够完成驾驶员发出的指令，但是会记录故障并将故障状态通过仪表反馈给驾驶员。

6.2.3 自动变速器故障诊断流程

汽车自动变速器是能够自动根据汽车车速和发动机转速来进行自动换挡操作的变速装置，一般由液力变矩器、齿轮机构、换挡执行机构、换挡控制系统、换挡操纵机构等装置组成。汽车自动变速器涉及机械、电子、液压技术，无论哪一方面发生故障，导致的故障现象都相同，并且自动变速器不易拆装，盲目地拆装不仅不能排除故障，还会导致自动变速器的损坏。

汽车中的自动变速器包含液力变矩器、齿轮机构、换挡执行机构、换挡控制系统、换挡操纵机构等多个组成部分，且融合了机械、电子以及液压技术，能够自动根据车速、转速等数据信息进行挡位切换，但同时也存在拆装难度大等不足之处，在某一部分出现故障时难以通过拆装的方式单独对出现故障的部分进行维修处理。

汽车自动变速器的故障诊断应遵循基础检测→失速测试→时滞试验→油压测试→道路试验的程序，如图6-9所示。

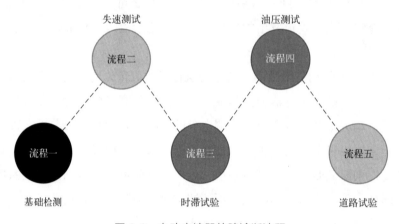

图6-9　自动变速器故障诊断流程

（1）基础检测

汽车自动变速器的基础检测包括对齿轮油油质和油量、节气门、挡位、怠速等方面的检查，只有确定汽车变速器在这些方面没有问题，才能设计诊断其他故障的试验。

（2）失速测试

失速测试可以有效地诊断汽车自动变速器中换挡传动部件的故障。在失速测试环节，自动变速器的相关检测人员需要对换挡传动部件进行检查。具体来说，首先，在汽车处于前进或倒退挡位状态时，通过踩加速踏板和制动踏板使发动机处于扭矩最大的状态，此时汽车自动变速器的液力变矩器外壳和液压泵轮处于转动状态，但是汽车自动变速器的输入轴处于静止状态，记下在该挡位下汽车发动机的转速。然后，逐一更换挡位并测试，并记录相应挡位下的发动机转速。若在不同挡位下发动机的失速转速相同且低于额定大小，则可以得到液力变矩器导轮一侧离合打滑的结论；如果比额定值高，则说明快速挡离合器打滑或油路油压过低；如果仅在前进挡转速高，则说明前进挡的液压低或前进离合器打滑；如果仅在后退挡转速高，则说明后退时液压低或离合器与制动器发生了打滑。

（3）时滞试验

时滞试验不仅可以有效地诊断离合器、制动器是否磨损，还能有效地判断油压是否符合要求。时滞试验实际上就是测试汽车自动变速器换挡迟滞时间，即当变速杆动作后汽车自动变速器完成挡位变换所需要的时间。在时滞试验环节，自动变速器的相关检测人员需要对离合器和制动器的磨损情况以及油压进行检查，对汽车自动变速器的换挡迟滞时间进行测试。发动车辆，当发动机总速和油压正常后，分别测试并记录汽车自动变速器从空挡换到前进挡和从空挡换到后退挡的时间。如果汽车自动变速器从空挡换到前进挡的时滞高于平均值，则说明主油路油压过低或离合器磨损打滑；如果汽车自动变速器从空挡换到后退挡的时滞高于平均值，则说明倒退油路油压过低或离合器磨损打滑。

（4）油压测试

油压测试可以有效地诊断汽车自动变速器液压控制系统中各种泵和阀的故障。当车辆加速缓慢、车速提不起来或者出现换挡冲击时都应该测试油压是否正常。在油压测试环节，自动变速器的相关检测人员需要对液压控制系统中的各类泵和阀进行检查，对汽车处于不同状态时的油压进行测量。在实际检测过程中，相关检测人员发动汽车后，拉起手动制动器，踩好制动踏板，分别测量汽车在前进和后退挡位下各个油路中的油压，松开制动器并上前进挡，踩油门踏板，观察油压的变化。若只在怠速时所有油路油压都低，则说明油泵发生了磨损；若只在失速时所有油路油压都低，则说明调压阀发生了问题；若无论在怠速还是在失速的情况下油路油压均高，则可初步判断是主调压阀、节气门阀、节气门油压控制系统出了问题；若在升挡时油压没有先下降再恢复，则很可能是蓄压器损坏。

（5）道路试验

道路试验可以经济方便地诊断汽车自动变速器的各种故障。

在道路试验环节，自动变速器的相关检测人员可以利用经济性和便捷性较强的方式对其进行故障检测。从实际操作方面来看，在道路测试开始之前，汽车通常会以中低速行驶，并确保发动机和自动变速器都能够进入正常工作状态；在道路测试过程中，汽车的超速挡（over-drive，OD）通常处于熄灭状态，汽车会进入常规模式或经济模式。当汽车挡位位于前进挡且车辆处于加速状态时，节气门开度需要达到50%，如果汽车此时能够以举升的方式恢复原本丢失的挡位，则说明自动变速器的换挡执行装置或控制装置出现了故障。

6.2.4 自动变速器常见故障维修

当汽车的自动变速器出现打滑的问题时，负责检修的相关工作人员需要在明确故障原因的前提下制定有针对性的维修方案。

具体来说，对于自动变速器内部油量不足或油量过多导致的自动变速器打滑问题，相关工作人员需要根据车辆的实际情况将油量增添或减少到正常水平；对于离合器磨损、油泵磨损等问题导致的自动变速器打滑，相关工作人员需要寻找并维修或更换被磨损的部件，并检查经过检修后的车辆能否正常运行；对于自动变速器的升挡问题，相关工作人员需要对拉索、控制装置、离合器、制动器进行检查，找出问题所在并及时对其进行处理。

从实际操作来看，负责自动变速器检修的相关工作人员应先通过读取故障码的方式来找出自动变速器的控制装置中存在的问题，并按照相应的提示对开关、传感器、线路等部件中存在的问题进行科学合理的处理，当自动变速器中的阀、制动器或离合器出现故障时，也需要针对实际情况来进行相应的检修。

汽车的自动变速器发出异响的原因可能是出现了换挡执行元件受损、齿轮机构故障或离合器损坏等问题，因此当自动变速器出现异响时，负责自动变速器检修的相关工作人员需要先找出具体的故障原因。油量不足或油量过多都会引起自动变速器故障，因此在故障诊断过程中，检修人员需要重视对齿轮油油量的检查。若自动变速器在每个挡位上都会出现异响，则说明油泵可能存在故障，负责自动变速器检修的相关工作人员需要及时对油泵进行检修。由此可见，对于汽车自动变速器异响问题，检修人员可以根据实际情况选择维修或更换零部件等方式来对其进行处理。

如果汽车在使用自动变速器进行换挡时冲击较大，则说明自动变速器的阀、怠速、节气门、制动器或离合器可能存在故障。负责检修自动变速器的相关工作人员在处理这类问题时需要先对发动机怠速、节气门拉线位置和升挡状况进行检查，根据检查结果进行合理调整；再对油压进行检查，并判断调压阀、液压管道是否存在故障，同时对汽车处于换挡工况下的油压进行检测，如果汽车在换挡时并未出现油压下降的情况，则说明自动变速器的阀或减振器可能存在故障；除此之外，还要对电控系统进行检查，找出液压阀和控制信号中可能存在的问题并做出相应的处理。

自动变速器是汽车的重要组成部分，当自动变速器出现故障时，汽车将无法继续正常行驶，并对人们的出行造成极大的不便，因此汽车行业相关工作人员需要充分掌握汽车自动变速器故障诊断和维修相关知识与技能，确保能够在自动变速器出现问题时及时做出有效处理。与此同时，汽车行业也需要针对自动变速器维修的特点制定相应的故障诊断流程和试验诊断方案，以便进一步提高汽车维修的高效性和有效性。

6.3 线控换挡控制器硬件安全设计

6.3.1 控制器硬件电路设计

基于机械液力式自动变速器的换挡操作，是通过拉索机构（包括选择杆拉索和离合器拉索）实现挡位选择和变速器齿轮组切换的。该方法虽然较传统手动变速器换挡操作更为平顺、简便，但也存在液力传动过程能量损失较大、挡位状态与汽车工况不匹配等局限性。

线控换挡控制器的应用则可以有效解决上述问题。在以线控换挡控制器为支撑的换挡过程中，挡位请求的方式发生了根本性转变，由原先的纯机械触发变为控制器局域网总线支持下的换挡电信号传递，电控单元会先判断驾驶员的换挡操作目标是否与车辆实时工况匹配，即车辆是否具备目标挡位的工况条件，然后根据策略执行换挡操作。该方法提升了换挡过程的可靠性、流畅性，改善了操作体验。

但另一方面，线控换挡控制器也面临新的安全性问题，包括传感器失效、元器件失效、信号传输速率低、信号丢失等，这些因素可能导致错误换挡，严重的甚至会导致交通安全事故。因此，开发者应该充分关注线控换挡控制器硬件设施的可靠性问题，引入相关问题解决方案，将故障发生的概率控制在有限区间内。

在关于汽车电子、电气产品的安全标准方面，国际标准化组织（International Organization for Standardization，ISO）发布了《道路车辆功能安全》（ISO 26262）标准，该标准涉及用于评估汽车功能风险等级的方法——汽车安全完整性等级（automotive safety integrity level，ASIL），将汽车电子、电气系统功能安全性分为A、B、C、D四个等级。如果线控换挡控制系统故障，可能带来动力丢失、非预期加速等危害事件，其风险等级属于 ASIL C 等级，意味着危险性较高。

开发者在进行关键电路硬件设计时，要确保设计方案满足 ASIL C 的要求。由此，可以应用的技术路线主要有：

① 采用双路冗余的形式确保关键输入信号的高效传递，并实现故障诊断功能的完整覆盖。其中，关键输入信号包括 P 挡输入信号、电机位置信号等。

② 基于电子控制系统性能和安全性要求，数字电路 MCU（微控制单元）可以采用德国英飞凌公司（Infineon）出产的 AURIX TC234 型单片机。就目前测试结果看，该型号单片机在汽车电子领域有着优异的应用性能。

③ 同样基于安全性需求，挡杆位置传感器可以采用 Infineon 公司的 TLE5501 霍尔芯片。从理论上来说，如果该型芯片进行合理配置，可以达到 ASIL D 等级的应用需求。

④ Infineon 公司推出的多路 MOSFET 驱动芯片 TLE92104 是驱动电路核心芯片的较好选择。该芯片可以实现 MOSFET 源漏极电压检测、超时看门狗等功能，同时配置了独立的外部驱动关断路径，安全性、可靠性增强。

⑤ 电源芯片方面则可以采用 Infineon 公司的 TLF35584，其稳定的性能为电源控制与管理提供了可靠支撑。其具体功能包括：为传感器、数字电路提供稳定的电压，监控主控芯片运行情况，自动发送故障信号等。

6.3.2 控制器硬件安全架构

以图 6-10 中的硬件架构设计方案为例。该方案架构中包含电源管理（监控）芯片 TLF35584、主控芯片 TC234、电机驱动芯片 TLE92104 等组成部分。

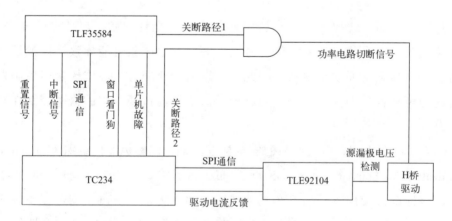

图 6-10 硬件架构设计方案

其中，电源管理（监控）芯片 TLF35584 可以集成多路输出的系统电源供应功能，为传感器、微控制器等元件提供稳定的电源，同时可以实时监测电源输出情况和供电状态，进行过温故障检测、输出电压检测等。如果监控芯片检测到故障，则可以自动执行相应的故障解决方案，例如向主控芯片传递中断指令、重置主控芯片、关闭驱动输出并向外发送故障信号等。

此外，监控芯片内置功能看门狗与窗口看门狗，主控芯片 TC234 要向其发送正确的触发信号以实现有效监控。当主控芯片检测到自身故障时，可以将故障信号传递给监控芯片的安全状态控制模块，该模块通过关断路径 1 反馈故障信号，同时关闭驱动输出。主控芯片可以对监控芯片的功能完整性进行管控，当监控芯片存在故障时，主控芯片可以发送指令重置监控芯片。同理，通过关断路径 2 反馈故障信号并关闭驱动输出。

电机驱动芯片 TLE92104 内同样搭载了超时看门狗，可以用于监测电机驱动芯片与主控芯片的通信是否完整。主控芯片以 SPI 指令的形式向电机驱动芯片的"看门狗"传递信息。电机驱动芯片可以对外部 MOSFET 器件的源漏极电压进行监控，并将驱动电流反馈信号实时传递到主控芯片中，以确保驱动输出稳定、可靠。电机驱动芯片自身就具备关断机制，同时来自两路外部关断路径的故障信号也能够关断电机驱动，这有利于保障电机的安全性。

在该方案中，主控芯片 TC234 作为信号处理、软件运行、逻辑运算等功能的载体，需要有完善的安全机制，其中包括输入输出信号监控、温度监控、时钟监控、电压监控、中断路径硬件监控、CPU 双核锁步、SRAM/FLASH［静态随机存储器（static RAM）/闪存］校验、通信外设 CRC（cyclic redundancy check，循环冗余校验）和 SRI 安全机制等。主控芯片的安全管理单元（safety management unit，SMU）获取相关故障信息后，可以对主控芯片进行重置，同时将故障信号传递给电源芯片。另外，可以设置一定的程序规则，为主控芯片提供独立于电机驱动电路的外部关断路径，以确保能够及时关断驱动。

6.3.3 电源及监控模块设计

（1）电压监控模块

目前，大多数汽车厂商采用 TLF35584 型电源管理（监控）芯片，该芯片内部有一个温度传感器和一个独立的电压监控模块。当监测到异常温度或电压信息时，芯片会自动执行关闭调压器、重置单片机等操作，以防止芯片损坏。

（2）看门狗模块

该电源芯片配置了窗口看门狗和功能看门狗（二者相互独立），能够实时监控主控芯片的工作状态。其工作原理如图 6-11 所示。

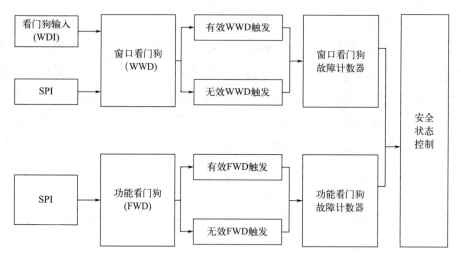

图 6-11　窗口看门狗与功能看门狗工作框图

① 窗口看门狗。通常，窗口看门狗故障计数器具有特定的阈值（一般由 SPI 编程设定，其最小值为零），主控芯片以一定的时间间隔向电源芯片看门狗发送触发信号，有效的触发信号可以令窗口看门狗故障计数器的值减 1，无效的触发信号可以令计数器的值加 2，当计数器的值超过预设阈值时，就会关闭主控芯片驱动输出，并向外部发送故障信号。

② 功能看门狗。功能看门狗主要用于监测系统运行状态是否正常，其基本运行逻辑如图 6-12 所示。功能看门狗故障计数器也具有预设阈值，并配有一个定时器电路。功能看门狗会周期性地向监测对象发送一个特定信号"Question"，同时定时器开始计时；被监测对象根据"Question"及时进行反馈；看门狗得到正确的"Answer"后，定时器停止并重置。如果被监测对象无法反馈正确的"Answer"，则意味着可能存在故障。而功能看门狗的定时器数值超过预设阈值后，则会触发复位操作。

（3）监控安全机制设计

以图 6-13 中监控芯片的安全状态控制模块框架为例，该模块可以对所有涉及安全状态的信号进行监控，其中包括状态转换请求信号、热关断信号、看门狗信号等；获取相关信号后，即可控制安全状态输出 SS1 和 SS2，并执行相应的关闭电机驱动输出等操作。

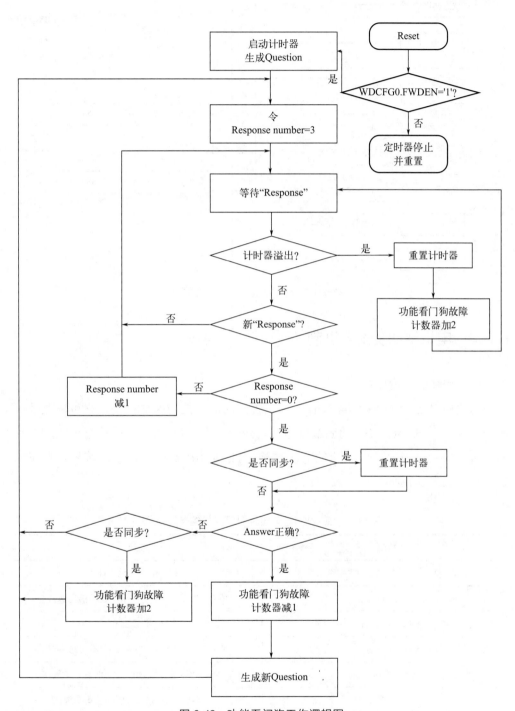

图 6-12　功能看门狗工作逻辑图

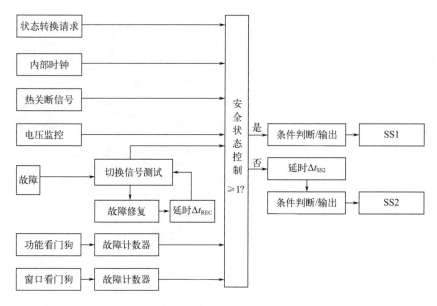

图 6-13 安全状态控制功能框图

6.3.4 电机驱动及安全机制

（1）电压、温度监控

电机驱动芯片 TLE92104 有着较为完善的功能监控与保护机制，它可以监控电源电压 V_s、外部 MOSFET 的源漏极电压、逻辑电源电压 VDD、电荷泵电压和芯片温度等状态，并及时采取相应的响应措施。TLE92104 对电压、温度等异常情况的响应操作如表 6-1 所示。

表6-1 TLE92104对电压、温度异常的响应操作

故障	响应
MOSFET 源漏极电压过高、短路	相关半桥驱动关闭
V_s 电压过低	所有 MOSFET 驱动关闭，逻辑信息保持
V_s 电压过高	电荷泵关闭
VDD 电压过低	所有 MOSFET 驱动关闭，逻辑信息重置
电荷泵电压过低	所有 MOSFET 驱动关闭，直至电荷泵电压恢复
芯片温度过高	所有 MOSFET 驱动关闭，电荷泵关闭

（2）超时看门狗

TLE92104 集成了超时看门狗，能够对主控芯片 TC234 与电机驱动芯片

TLE92104 之间通信的完整性进行监控，其工作逻辑如图 6-14 所示。超时看门狗的计时器具有预设阈值，TC234 要在该阈值范围内翻转控制寄存器的 WDTRIG 位（看门狗触发位）。如果检测到看门狗故障，将自动关闭所有 MOSFET 驱动。

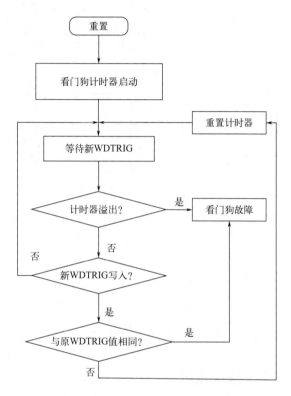

图 6-14　超时看门狗工作逻辑图

(3) 电机驱动独立关断路径设计

独立的安全输出关断路径主要服务于电源芯片（以关断路径 1 为例）和主控芯片（以关断路径 2 为例）。当出现任意故障状态时，电源芯片或主控芯片都可以通过其对应的关断路径关闭电机驱动输出，以保护电机和芯片，保障车辆运行安全。目前应用较为广泛的驱动输出关闭机制如下：

① 如果电源芯片发生故障，主控芯片可以通过关断路径 2 关闭电机驱动输出。

② 如果主控芯片内部发生故障导致无法关闭驱动输出，但还能够进行通信，则可以将故障信号传递至电源芯片，电源芯片通过关断路径 1 关闭电机驱动输出。

③ 主控芯片完全失效，无法通信、无法关闭驱动输出时，电源芯片可以根据看门狗监测到的故障信号，通过关断路径 1 关闭驱动输出。

此外，如果电机驱动芯片监测到故障信息，即可自动关闭驱动输出，并将故障信息反馈至主控芯片。安全独立关断电路图如图 6-15 所示。

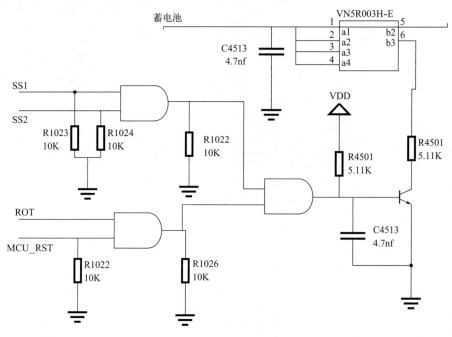

图 6-15 安全独立关断电路

6.3.5 硬件功能安全指标验证

在对汽车硬件功能安全性的测试评价中，"安全机制诊断覆盖率"是评估安全机制有效性和可靠性的重要指标，即用于衡量某一安全机制诊断元器件失效故障的能力如何。表 6-2 列出了根据硬件安全架构总结出的系统安全机制以及这些安全机制对应的诊断覆盖率要求，这里以中国国家标准 GB/T 37963 和国际电工委员会（International Electrotechnical Commission，IEC）提出的标准 IEC 62380 作为参考。

表6-2 硬件技术安全机制及其诊断覆盖率

编号	安全机制	诊断覆盖率
01	MCU 双核锁步	99%
02	MOSFET 源漏极电压监控	99%
03	电磁阀高低边控制输出监测	99%
04	电机位置信号、P 挡输入信号双路冗余	99%

续表

编号	安全机制	诊断覆盖率
05	CAN 总线发送信息回读	90%
06	TLF35584 与 TC234 交叉互检	90%
07	TLF35584 输出电压监控	99%
08	霍尔传感器 SPI 通信双路冗余	99%
09	电机驱动输出电流监测	99%
10	TC234 对 TLE92104 在线监控	60%
11	TLF35584 上电自检	99%

此外，根据 ISO 26262 标准中硬件层面的故障分类流程来看，与功能安全直接相关的电路包括 CAN 通信电路、电机驱动电路和信号输入电路等，其中信号输入电路可以支撑电机位置信号、P 挡输出信号、挡杆位置信号等信号的传递。与功能安全相关的部分电路如图 6-16 所示。

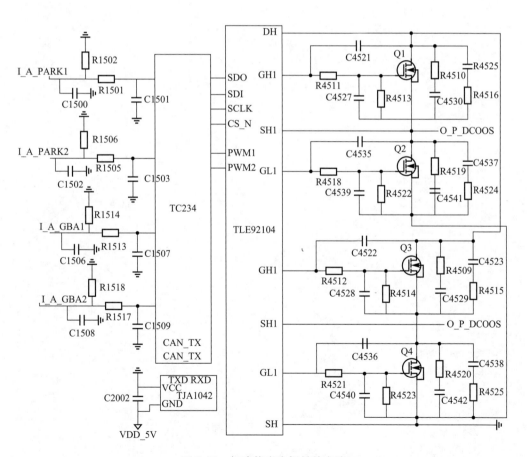

图 6-16 与功能安全相关的电路

第 7 章

智能网联汽车线控悬架系统

7.1 线控悬架系统概述

7.1.1 汽车悬架技术的发展历程

悬架主要是指连接车身（或车架）与车桥（或车轮）的传力装置，也称为悬挂，其主要作用是缓冲由凹凸不平的路面对车身造成的冲击力，提升车辆的平稳度和乘坐舒适度。悬架结构实际上在汽车发明以前就已经出现：人们为了使马车乘坐起来更加舒适，早期悬架系统——弹簧悬架（如图 7-1 所示）得到快速推广。而随着汽车的发明与普及，悬架系统不断改进。

图 7-1 弹簧悬架示例

（1）叶片弹簧悬架（或称钢板弹簧悬架）

钢板弹簧是最早应用于悬架系统的弹簧类型之一。18 世纪，人们在马车上应用了一种钢铁材质的扁平状单片弹簧悬架系统。18 世纪末 19 世纪初，叶片弹簧悬架被发明并在马车、火车上得到了广泛应用。英国人奥巴代亚·艾略特发明了一种将数片长条形钢板叠起来并夹紧的板式弹簧结构，其两端用钩环与车子连接，通过调整钢板的数量和形状，可以调节悬架系统的刚度和减振效果。

（2）螺旋弹簧悬架

螺旋弹簧是由连续的金属线材制成的螺旋形弹簧，具有弹性和承载能力。螺旋弹簧悬架的发明与使用可以追溯到 19 世纪末：1893 年，法国汽车工程师安德烈·米其林（André Michelin）在其汽车上使用了螺旋弹簧悬架，如图 7-2 所示。1900 年，奥兹莫比尔汽车公司（Oldsmobile）在其轿车上运用了悬架减振器，减振器采用螺旋弹簧和橡胶垫作为主要的弹性元件。此后，法国、英国的多位工程师对该悬架系统进行改进，使其有了更好的支撑、减振性能。至 20 世纪 30 年代，美国汽车制造商克莱斯勒（Chrysler）引入了基于螺旋弹簧的独立悬架系统，该系统具有材料要求低、加工工艺简单、成本可控等优点，从而促使螺旋弹簧悬架取代叶片弹簧悬架而得到广泛应用。

图 7-2　螺旋弹簧悬架示例

（3）空气弹簧悬架

在人们的普遍认知中，钢板弹簧和螺旋弹簧先于空气弹簧产生，而实际上，空气弹簧的概念在螺旋弹簧普及之前就已经出现，但当时受到加工工艺、材料等方面的限制，难以达到实用目的。直到 20 世纪中期，随着试验成功和技术进步，空气弹簧悬架才逐渐投入应用实践中。

空气弹簧由一个气囊或气室组成，可以通过气体的压缩和释放来调节悬架系统的高度和刚度。1901 年，美国人威廉·W·汉弗莱斯（William W. Humphreys）成功申请了空气减振气垫的专利。20 世纪 30 年代，捷克斯洛伐克的汽车制造商 TATRA 在其汽车上采用了一种独特的空气弹簧悬架系统，这不仅成为该公司的一项标志性技术，也为其他汽车制造商的悬架系统设计带来了启发。空气弹簧悬架对复杂的车辆负载情况和路况有更好的适应性,随着独立悬架出现和空气弹簧悬架技术、设计的优化,该系统进一步推广普及并沿用至今。

(4) 麦弗逊式悬架

20 世纪 50 年代,美国通用汽车公司的工程师麦弗逊发明了一种由弹簧支撑柱、L 形(或 A 形)控制臂、稳定连杆等元件组成的悬架装置,如图 7-3 所示。该悬架系统具有结构简单紧凑、占用空间小、成本低、悬架响应速度和回弹速度快、舒适性尚可等优点,很快就得到推广,至今依然是为大多数汽车所采用的经典设计。

图 7-3 麦弗逊式独立悬架

(5) 电控空气悬架

随着车辆控制技术的发展,性能更好、响应更快的电控空气悬架系统逐步取代了传统空气悬架。20 世纪 80 年代,美国博斯公司(BOSE)研制了一款电磁主动悬架系统,这为后来的电控空气悬架系统奠定了基础。电控空气悬架系统采用电磁阀和高度传感器替代了传统空气悬架系统使用的机械式高度调节阀,而电控单元根据车辆载荷、运行工况等信号,控制气路系统中的电磁阀等执行元件,从而保证车身在运动状态中的平衡性和稳定性。1984 年,该悬架系统在林肯汽车上得到了较早的应用,如图 7-4 所示。

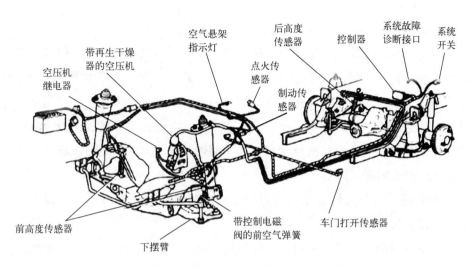

图 7-4　1984 年林肯汽车电控空气悬架系统

7.1.2　汽车悬架结构及主要参数

汽车悬架能够支持车身与车轮之间制动力、转向力或支撑力的传递，同时可以缓解崎岖路面和轮胎运动给车身造成的冲击，提高驾乘舒适性，减少车辆运行过程中的能量损耗和货物运输损耗。

汽车悬架的结构主要包括弹性元件、减振器和支持力矩传递的导向机构。其中，弹性元件能够缓冲来自崎岖路面的冲击，减小车身在单位时间内受到的作用力，从而降低车身的颠簸幅度；减振器通常采用液压减振器，液压阻尼的结构可以吸收冲击带来的动能，从而起到较好的减振效果。弹性元件和减振器一般并联放置，减振器在弹性元件受力压缩或回弹的同时吸收能量，促使车身回到正确的高度。二者共同构成悬架的减振系统，在提升驾乘舒适性、车身稳定性和驾驶安全性方面发挥了重要作用。随着汽车悬架技术的发展，空气悬架系统得到了越来越广泛的应用。

刚度和阻尼是汽车悬架系统中十分关键的两项参数。

（1）刚度

刚度是悬架所受载荷与由该载荷造成的悬架变形量之间的比值，也是一项用来描述悬架垂直抵抗变形能力的参数。具体来说，使用刚度较高的悬架系统的汽车通常具有车轮位移难度大、稳定性强和舒适度低等特点，而使用刚度较低的悬架系统的汽车通常具有路面冲击共振小和舒适度高等特点，且当簧上固有频率约等于 1Hz 时，汽车悬架系统的刚度将达到最低水平，舒适度将达到最高水平，但当汽车悬架系统的刚度过低时，汽车将无法有效维持自身姿态，可能会出现高速过弯侧倾严重等问题。

（2）阻尼

阻尼是一项用来描述车辆对车轮振动能力的抑制情况的参数。阻尼器可以削减振动的动能，降低车辆的弹跳幅度和弹跳频率。具体来说，汽车中所装配的阻尼器的阻力越大，悬架系统对车轮振动的抑制就越强，车辆行驶的稳定性就越高，转向响应情况也会更好，同时驾乘人员也能够获得更加舒适的驾乘感受；但当阻尼器的阻力超出正常水平时，汽车的悬架将会过于僵硬，无法灵活根据路况进行调整，车辆的操控性能也将随之降低。

一般来说，汽车的悬架系统可以按照刚度和阻尼的可调节性分为被动悬架系统、半主动悬架系统和主动悬架系统三种。

- 被动悬架系统是一种已经提前设置好刚度和阻尼参数且没有装配能源供给装置的汽车悬架系统，这种悬架系统无法同时满足驾乘人员在汽车的舒适性和操纵稳定性两方面的要求。
- 半主动悬架系统是一种只能对部分刚度和阻尼进行调节的汽车悬架系统，这种悬架系统在一定程度上提高了汽车的可操控性和驾乘的舒适度。
- 主动悬架系统是一种能够利用ECU来针对路况对执行单元进行控制并提前对刚度和阻尼进行主动调节的汽车悬架系统，这种悬架系统能够大幅提高汽车在整个行驶过程中的安全性和舒适度。

主动悬架系统凭借舒适度高和安全性强的优势受到了汽车行业的重视，同时也逐渐成为汽车悬架系统在未来一段时间内的重要发展方向。

7.1.3 线控悬架系统的工作原理

随着电子技术、信息技术的发展，汽车的制造工艺不断进步，其运行原理、使用材料、结构设计等也不断优化创新。悬架系统作为汽车的重要组成部分，一直是汽车厂商改进优化的重点。近年来，在自动驾驶、线控底盘等技术兴起的背景下，线控悬架（suspension by wire）系统也成为未来汽车悬架系统的重要发展方向。

（1）线控悬架系统基本工作原理

线控悬架系统是一种基于电信号传递对车身位置进行调节的主动悬架控制系统，其基本工作原理是：各类传感器将采集到的车辆运行相关工况信息（例如车速、振动、加速度、制动、转向等）转换为电信号传递到电子控制单元，电子控制单元对这些信息进行综合分析与处理，输出悬架调节控制所需要的阻尼、刚度等信号。典型线控空气悬架工作原理如图7-5所示。

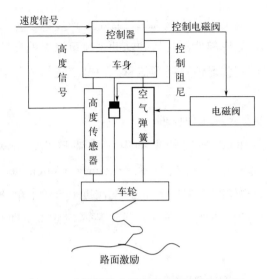

图 7-5 典型线控空气悬架工作原理示意图

（2）"魔毯"悬架系统工作原理

在奔驰 S 级轿车和宝马 7 系车上，都装配了技术工艺更为先进的主动悬架控制系统——"魔毯"车身控制系统（magic body control，MBC），如图 7-6 所示。该系统除了采用线控悬架作为其核心部件，还在车顶或风挡处加装了路面扫描摄像头或雷达传感器，使悬架性能大幅提升。

图 7-6 "魔毯"车身控制系统

奔驰的"魔毯"悬架系统的基本工作原理是：路面扫描摄像头或雷达传感器可以对车辆前方的路面情况进行感知，并将感知信息传递到悬架控制单元，该控制单元基于预置算法模型对感知信息、车速或制动等信息进行处理，进而调节减振器阻尼比或悬架刚度，使车身在紧急制动、启动和在凹凸不平的路面上行驶时保持稳定。

宝马的"魔毯"智能空气悬架系统还包含了立体摄像头、电动主动稳定杆、车速传感器、减振控制单元等部件，其驾驶辅助系统可以根据导航定位信息、对路面的感知数据及驾驶员的驾驶习惯数据等信息，控制空气悬架并配合电子机械式稳定杆自动完成调节。

（3）BOSE 电磁悬架系统工作原理

美国汽车制造商 BOSE 研发的主动电磁悬架 PGSA（power-generating shock absorber），主要由线性电动机电磁系统（linear motion electromagnetic system，LMES）组成（具体架构如图 7-7 所示），悬架在每个车轮上单独配置。该系统集成了功率放大器、控制算法、速度计算和线性电磁感应式电机四个关键技术。BOSE

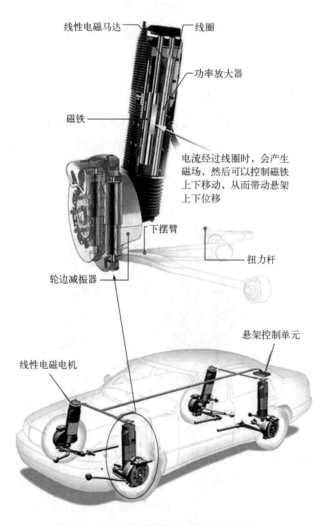

图 7-7　BOSE 电磁悬架系统的具体架构

独有的功率放大器可以将每个车轮的调节控制信号放大,以此获得足够的电流驱动电磁式线性电机运动,从而改变悬架的伸缩状态。

该悬架系统除了能够实现良好的减振效果和对车身稳定性的有效控制,还具有一定的能量补偿机制,可以在整车行驶工况下实现能量回收。例如,当车辆一侧的轮子压过凹坑时,该侧的悬架就会伸展,另一侧则可能压缩,压缩的悬架系统中的电机开始工作并产生电能,所生成的电能供给到伸展悬架系统或动力蓄电池,从而为电动车充电。根据测试数据看,与常规调节系统相比,这一能量补偿系统节约的能量可达到1/3。就纯电力驱动的新能源汽车来说,该系统有着更强的应用性能,它有利于增加动力电池的电力,延长车辆续航里程。

7.1.4 线控悬架系统的控制方式与优缺点

(1) 线控悬架系统的控制方式

线控悬架系统具有车辆高度控制功能,能够通过静止状态控制、行驶工况控制和自动水平控制等方式来实现对车身水平高度的有效控制。

① 静止状态控制:车辆处于静止状态时,根据车辆载荷的变化来自动调整车身高度,从而减少自身所承受的负荷,同时改变汽车的外观形象。

② 行驶工况控制:通过对静态载荷和动态载荷的整体分析来保障汽车的安全性和稳定性。具体来说,当车辆处于高速行驶状态时线控悬架系统可以通过主动将车身高度调低的方式来提高车辆在操控方面的稳定性,并优化车辆的气动特性;当车辆处于路况较差的环境中时,线控悬架系统可以通过主动将车身高度调高的方式来防止汽车底部发生碰撞,并根据实际情况调节汽车悬架系统的刚度,提高驾驶的舒适程度。

③ 自动水平控制:在汽车处于路况较好的行驶工况时,通过持续稳定车身高度的方式来确保汽车前大灯光束方向的稳定性,优化车辆驾乘人员的驾乘感受,保障汽车的行车安全。

(2) 线控悬架系统的优点

线控悬架系统对车辆运行中的各种工况有较强的适应性,其减振器阻尼力和弹簧刚度可以灵活调整,可以满足多样化的操纵稳定性、平稳性、流畅性要求。以线控空气悬架为例,其优点具体体现为:

① 即使汽车载荷变化,也能够使车身保持在一定高度。

② 弹簧刚度可以灵活调整,有助于实现车辆在紧急制动、加速过快、转弯侧倾时的平稳过渡,改善车身点头或后坐等情况。

③ 有利于充分利用车轮对地面的附着力，加速制动过程，缩短制动距离，缩小制动点头幅度，并增强汽车抵抗侧滑的能力。

④ 当车轮经过凸起路面或遇到障碍物时，悬架可以迅速压缩，以使车辆更为平稳地越过障碍，提高了车辆在复杂路面环境中的通过性。

（3）线控悬架系统的缺点

线控悬架系统虽然得到了广泛应用并有着较强的适应性，但基于其结构，也存在一定的局限性，具体表现在以下方面：

① 由于结构较为复杂，其故障率较传统的悬架系统更高，对生产工艺、装配技术的要求较高，这也带来了更高的成本；每个车轮悬架都有对应的控制单元，要使每个控制单元结合路面数据实现整车平稳性的协调控制，这带来了较高的算法难度，如果对相关数据的处理有误，可能适得其反。

② 从线控空气悬架系统来看，由于该悬架系统以空气调节悬架高度的推动力，为了避免漏气导致系统"瘫痪"，对减振器的密封性要求很高；如果过于频繁地调整悬架高度，不利于气泵系统散热，可能导致局部温度过高，会缩短气泵的使用寿命；同时为了保证驾驶安全，其设计、制造工艺需进一步优化改进。

③ 从"魔毯"悬架系统来看，摄像头的感知、识别技术目前还并不完善，无法完美处理所有的路况信息，例如难以识别浸满雨水的坑洼深度，路面色差可能导致识别错误等；此外，光线、大雾天气、大雪天气等环境因素也会影响摄像头的感知性能，因此，相关技术还有待优化和改进。

7.1.5 线控悬架系统的发展前景

随着新能源汽车的电动化程度和智能化程度越来越高，线控主动悬架已经成为汽车悬架系统发展的必经之路。智能化的汽车底盘悬架系统具有综合运用传感器、执行器和控制单元等相关设备和系统的能力，能够充分发挥各项软硬件的作用，实现实时监测和自动调节等功能，进而提高汽车对各类路况和实际驾驶需求的适应能力，以便为汽车的驾乘人员提供舒适度更高、安全性更强的驾乘感受。

具体来说，当汽车驶入路况不佳的区域时，智能化的汽车线控悬架系统将会利用摄像头和高清雷达等设备来感知外部环境，并利用决策系统来进行决策，同时发出相应的指令信息，根据实际情况对悬架刚度进行调控，进而达到优化驾乘人员的驾乘体验的目的；当汽车需要进行紧急转向时，智能化的汽车线控悬架系统将会通过提高悬架刚度和外侧悬架并降低内侧悬架的方式来确保车辆的可控性，防止车辆出现失控等问题。

近年来，我国的汽车线控悬架系统飞速发展，大量整车企业、汽车零部件制造企业以及相关高校和科研机构不断加大对汽车线控悬架系统的研究力度和资金投入力度，积极开展汽车线控悬架系统自主研发工作，力图实现汽车线控悬架系统国产化。

从比亚迪公司在2021年12月所申请的专利来看，融合了"云辇"技术的CDC悬架系统相关专利在车辆控制方面发挥着十分重要的作用，位于汽车两侧的液压悬架系统上腔和液压悬架系统下腔能够实现互联互通，并在此基础上利用反转力矩来防止车辆侧倾，保障车辆的安全。

2023年3月，世界知识产权组织（World Intellectual Property Organization，WIPO）对外公开了特斯拉下一代主动悬架系统。这款汽车线控悬架系统可以看作空气悬架的升级版，能够从汽车当前的路况和预期路况出发来对车轮位置和其他悬架设置进行预测，并判断出最佳位置，同时也能不断调整悬架支柱长度，避免汽车在制动和加速时出现下沉甚至俯仰等问题。

就目前来看，大陆、采埃孚、威巴克和倍适登等国外的线控悬架系统供应商仍旧占据着我国线控悬架系统市场的大部分份额，但新能源汽车的快速发展为我国线控悬架系统的发展提供了助力，红旗HS7、东风岚图、高合Hiphi X全系以及蔚来旗下的ES8和ES6等多种车型都开始装配空气悬架系统，小鹏P7、极氪001和星图摇光等多种车型都开始装配CDC悬架系统，各类汽车悬架系统在我国汽车中的应用日渐广泛。

随着技术的不断进步和规模效应的增强，新能源汽车的渗透率将会越来越高，线控悬架系统的应用市场也将不断扩大。具体来说，相关技术的逐渐成熟和生产规模的不断扩大都将会带来整车价格的降低，线控悬架系统的国产化也将大幅降低线控悬架系统的售价，进而为线控悬架系统实现大规模应用提供支持。

据QYResearch调查，预计到2025年，我国乘用车的空气悬架市场规模将达到288亿，我国商用车的空气悬架市场规模将达到59.4亿元，二者的复合增速分别为61.1%和12.7%，汽车线控悬架系统的国产化程度将逐渐提高，相关投资规模也将不断扩大。

7.2 空气悬架系统

目前市场上主流的线控悬架系统分为三类：空气悬架系统、CDC悬架系统、MRC电磁悬架系统。本节将介绍空气悬架系统的相关内容。

近年来，汽车行业对驾乘人员的舒适度的重视程度越来越高，并不断加大对悬架系统的研究力度，力图通过对悬架系统的优化升级来提高车辆的乘坐舒适性。

从弹性元件的材质和特性来看，汽车悬架大致可分为钢弹簧悬架和空气悬架两种。其中，钢弹簧悬架中通常会使用到螺旋弹簧、扭杆弹簧和叠板弹簧，具有较强的固定性，且质量大、硬度高。采用钢弹簧悬架的重型车辆在道路上行驶时极易对道路造成伤害；与此同时，对于采用钢弹簧悬架的汽车来说，其簧载质量的偏频相对于设计点的频率会随着负载的变化而变化，因此汽车的乘坐舒适性也会受到一定影响。

空气悬架大多以橡胶为主要材料，具有弹性大、质量轻、内摩擦小、隔振消声、非线性和自适应等特点。对采用空气悬架的汽车来说，即便负载发生变化，汽车簧载质量的偏频也能够保持相对稳定，进而在一定程度上确保车辆运行的平顺性和道路友好性。

近年来，电子控制空气悬架（electronically controlled air suspension，ECAS）技术快速发展，汽车行业开始对空气悬架的功能进行优化，并完善相关技术指标，提高技术可靠性，增强车辆水平控制、刚度和阻尼实时调节以及底盘升降控制等方面的性能，进而达到大幅提升车辆的综合动力学性能和使用性能的效果。

不仅如此，空气悬架还在商用汽车的驾驶室和座椅减振中发挥着重要作用；同时，部分悬架系统也可以充分发挥自身可实时调节刚度和阻尼的优势，增强商用汽车的驾乘舒适性，降低车辆驾驶员的驾乘压力。

7.2.1 我国汽车空气悬架发展历程

从宏观的角度来看，我国汽车空气悬架的发展过程主要包含 3 个阶段。

（1）早期探索阶段

20 世纪 50 年代，我国追随世界汽车行业发展的步伐，开始研究汽车空气悬架。1957 年，长春汽车研究所和北京橡胶工业研究设计院共同开发出我国首辆配备了空气弹簧的载重汽车，紧接着又陆续开发出可用于公共汽车、无轨电车和铁道车辆的空气悬架。1958 年，长春汽车研究所和北京交通运输局共同开发出我国首个高度控制阀，次年又开发出了能够在高级轿车中发挥控制作用的高度控制阀。

同一时期，我国陆续开发出十多种空气弹簧和三种机械式高度控制阀，但受技术水平的限制，这些设备的样机均存在密封性不足、稳定性差、可靠性低等缺陷，且这些产品在各项限制因素的影响下难以进一步优化升级，也无法实现大范围推广应用。

20世纪80年代，我国的经济水平和工业技术水平得到了提升，各个行业的发展速度也越来越快，长春汽车研究所开始继续推进空气悬架研究工作。1980—1987年，长春汽车研究所开发出多种用于客车和电车的空气悬架，并为武汉客车厂、沈阳电车公司、沈阳飞机制造公司汽车厂等多家企业的车辆开发和生产工作提供了强有力的支持。但这一时期我国所开发的空气悬架大多存在橡胶气囊疲劳寿命低、高度控制阀密闭性不足和动态响应能力弱等问题。

（2）引进、消化、吸收阶段

20世纪末，我国开始大力建设高速公路网，并大量进口欧洲之星、尼奥普兰、沃尔沃系列和福特系列等装配有空气悬架的豪华客车用于交通运输，许多运输公司也纷纷进口各类装配有空气悬架的豪华大巴，力图进一步扩大自身的市场份额。与此同时，北方车辆制造厂、沈阳飞机制造公司汽车厂、宇通客车、厦门金龙和亚星客车等汽车制造厂家也开始大量进口空气悬架、空气悬架底盘等部件，并为自身生产的车辆装配空气悬架。

为了充分满足空气悬架维修配件市场的需求，四方车辆研究所、贵州前进橡胶有限公司、交通运输部重庆公路科研所、株洲时代新材料科技股份有限公司等零部件加工制造行业的各大企业也逐渐加大了对空气弹簧等相关配件的研发力度和生产制造强度。不仅如此，NEWWAY、SAF、CONTINENTAL等许多外资企业也认识到了空气悬架配件的发展前景，开始生产和销售空气悬架配件。这一时期，我国的空气悬架技术得到了快速发展。

（3）创业发展阶段

进入21世纪后，我国社会经济飞速发展，汽车及其零部件的市场需求迅速扩张，中国重汽集团、东风汽车悬架弹簧有限公司和上海科曼车辆部件系统有限公司等在汽车领域有一定技术和经验积累的厂家开始大力研发空气悬架，同时汽车行业中的其他厂家也在源源不断地加入到空气悬架的研发工作当中。

截至2010年，我国已经开发出超过100种空气悬架产品，且已将这些产品应用到重汽HOWO-A7、东风EQ6850KR、一汽解放J6、苏州金龙KLQ6128Q等多种车型当中，同时这些装配了空气悬架的车辆也逐步打入东南亚、中东和澳大利亚等国家和地区的市场当中，进一步扩大了我国国产汽车的海外市场。

现阶段，我国的汽车空气悬架产业已经具备集成配套传统空气悬架的零部件和系统等内容的能力。但与进口空气悬架相比，我国生产的空气悬架的稳定性和疲劳耐久性还不够强，部分关键零部件也还不够完善，因此我国汽车行业在生产汽车空气悬架时即便使用了自身研制的结构件，自主完成了系统集成工作，也还需进口电磁阀、空气弹簧和传感器等零部件。就目前来看，我国所开发的空气悬架在中、重型卡车空气悬架领域装车率较低，但客车空气悬架装车率正在不断提高。

就目前来看，空气悬架系统已经被广泛应用于保时捷 Cayenne、奔驰 S 级、奥迪 A8、宝马 7 系等多种型号的豪华车当中，同时也在多种越野车中发挥作用，但由于该系统存在应用成本高等不足之处，因此并未实现大规模落地应用。据公开数据，2022 年我国市场乘用车标配空气悬架搭载规模为 28.01 万辆，空气悬架渗透率只有 1.20%。

7.2.2 空气弹簧结构与参数化模型

空气悬架系统是一种半主动悬架系统，能够通过对汽车的车身底盘高度、车身倾斜度和减振阻尼系数等参数的调控来优化驾驶员的驾驶体验，提高汽车的驾乘舒适度和汽车底盘的智能化程度。一般来说，空气悬架系统包含储气罐、分配阀、供气系统、独立式空气弹簧、车身加速度传感器、空气弹簧减振器总成、空气悬架控制器和悬架高度传感器等多种设备，融合了橡胶工艺、电子控制、底盘系统调校等多种技术，能够实现多种车辆控制功能。

采用空气弹簧结构的汽车可以针对自身的实际需求自动调节弹簧的弹性系数，进而从悬架方面入手提高汽车的舒适性。一般来说，在空气弹簧结构中，弹簧特性主要受气体性能、气囊结构和控制方式的影响，大多数装配了空气悬架系统的汽车都能够利用车身高度传感器来对车身高度进行调整。在汽车举升过程中，若出现气压不足的问题，那么控制臂上移时可能会对空气悬架系统中的弹簧造成损害。

空气弹簧总成在汽车主动悬架系统中可以通过充放气的方式来调节车身高度，进而起到减振作用。在主动悬架系统中，空气弹簧能够凭借自身非线性刚度的特性在一定程度上防止出现限位块撞击等情况，并确保车辆载荷不同时的悬架偏频的稳定性，进而有效承载车身负荷，提高汽车隔振性能、声音品质和舒适性。

从工作原理来看，空气弹簧具有柔性化和密闭性的特点，内部的压缩空气可以发挥弹性元件的作用，用于在车身和车轮之间承受垂直载荷，缓冲路面冲击。具体来说，空气弹簧基本结构如图 7-8 所示。

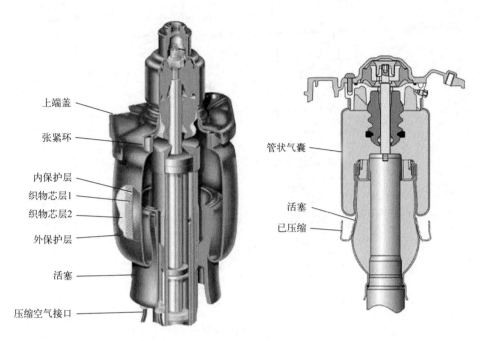

图 7-8　空气弹簧基本结构

从形式和结构来看,空气弹簧大致可分为囊式空气弹簧、膜式空气弹簧等多种类型,不同类型的空气弹簧通常具有不同的特点和应用场景。

囊式空气弹簧主要包含橡胶皮囊和压缩空气两部分,其中橡胶皮囊中夹有帘线,能够在挠曲时引起空气弹簧形变,而压缩空气则处于封闭的橡胶皮囊当中。一般来说,膜式空气弹簧的密闭皮囊主要由橡胶膜片和金属压制件构成。

受帘线的限制,橡胶皮囊的中部无法径向扩张,因此具有橡胶皮囊的囊式空气弹簧大多具有承力能力强、精度控制难度高的特点。而膜式空气弹簧具有刚度小、尺寸小、车身自然振幅频率低、布置难度低等特点,应用范围大多集中在乘用车领域。

空气弹簧中所用的皮囊大多由天然橡胶(natural rubber,NR)和氯丁天然橡胶制成;活塞大多由钢材、铝材、塑料等材料制成,且可分为压板式、自密闭式、螺栓连接式、带附加器式和不带附加器式等多种类型;顶板也可分为自密封式顶板和卷边装卡式顶板两种。

空气弹簧相关研究理论主要涉及等效参数化模型、多物理参数化模型、有限元分析模型三种模型。其中,等效参数化模型中融合了刚度、阻尼、惯性、摩擦等力学指标,且具有参数少、物理意义明确的特点,因此通常被应用到车辆动力学仿真研究当中,为汽车行业的发展提供支持。

图 7-9 所示是几种常见的空气弹簧等效参数化模型。具体说明如下。

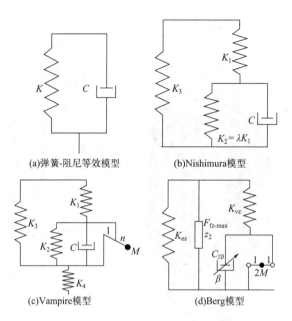

图 7-9 空气弹簧等效参数化模型

① 图 7-9（a）所示是一种弹簧-阻尼等效模型，将空气弹簧简化为一个线性刚度 K 和一个线性阻尼 C 的并联。

② 图 7-9（b）所示称为 Nishimura 模型。模型中，K_1、K_2、K_3 分别为由气体压缩产生的刚度、附加气室刚度和由有效作用面积变化产生的刚度；λ 是气囊与附加气室的容积比；C 为气体流经节流孔时产生的阻尼系数，C 可以是线性阻尼或者是与速度成二次方规律的非线性阻尼。

③ 图 7-9（c）所示是多体动力学软件 Vampire 中空气弹簧的主要模型。其中，K_1、K_2、K_3、C 的意义与图（b）中的一样；K_4 是串联橡胶堆的刚度；M 是排气管内的可变空气质量，其受空气弹簧有效作用面积与排气管截面积之比 n 的放大作用。

④ 图 7-9（d）所示是 Berg 三维模型中的垂向模型，该模型将空气弹簧描述为弹性力元、摩擦力元和阻尼力元的叠加，还包括管路空气流动产生的非线性惯性因素。模型中包含 7 个参数：弹性力元的等效刚度 K_{ez}，摩擦力元的最大值 $F_{fz\text{-}max}$ 和位置参数 z_2，阻尼力元的等效刚度 K_{vz}、等效阻尼系数 $C_{z\beta}$ 和速度指数 β，管路空气质量 M。Vampire 模型和 Berg 模型具有较高的预测精确度。

7.2.3 空气弹簧减振器的工作原理

减振器的作用是减轻车辆在颠簸路面上行驶时的振荡和晃动。减振器发挥作用的前提是汽车的车轮始终接触路面，在这一要求的限制下，汽车的驾驶安全性和乘坐舒适性将大打折扣。具体来说，硬减振可以更好地提供支撑和路面反馈，但同时也会影响乘坐舒适性；软减振能够在一定程度上提高汽车在驾驶和乘坐方面的舒适度，但却会损害汽车的驾驶安全性。

汽车行业可以通过在汽车的空气弹簧减振器中装配可变阻尼的减振器的方式来为自身灵活调节阻尼力-速度曲线提供方便，进而实现对悬架软硬程度的有效控制。一般来说，可变阻尼的减振器所使用的系统主要包括连续减振控制（continuous damping control，CDC）可变阻尼减振器系统和电磁悬架可变阻尼减振器系统。

由可变阻尼减振器和空气弹簧共同构成的弹簧减振器总成能够有效支持汽车实现主动悬架效果，同时这两个组成部分还可以与同一个控制单元相连，以便车辆根据实际情况精准高效调节车身高度、减振器阻尼、弹簧刚度等参数。在整个空气弹簧减振器当中，弹簧的作用是存储汽车行驶过程中的垂向振动能量，与此同时，内部减振器油液会进行往复运动，实现从机械能到热能的能量转换，并将经过转换的热能传递到缸筒中进行散热处理，进而达到消耗振动能量的目的。

基于自动调节及 CDC 系统的液压减振器能够利用反比例电磁阀对负压力缸筒和储油缸之间的节流口进行连续调控，并在此基础上实现对阻尼力的连续调节。从实际操作来看，如果反比例电磁阀失效或缺乏控制，那么节流口将会关闭，同时减振器只能发挥出与常规被动式减振器相同的作用，阻尼特性也会达到最硬状态；如果反比例电磁阀具有一定的控制，那么节流口开度会随着电流的增大而扩大，同时阻尼特性也会逐渐进入最软状态。CDC 液压减振器如图 7-10（a）所示。

CDC 液压减振器的阻尼特性与阻尼力和活塞速度之间关系密切，具体来说，CDC 液压减振器的阻尼特性变化如图 7-10（b）所示。由图可见，处于深色区域的减振器具有较硬的减振器特性，可以支持汽车提高操纵稳定性；处于浅色区域的减振器具有较软的减振器特性，可以支持汽车为驾乘人员提供良好的驾乘舒适度。

CDC 空气弹簧液压减振支柱中的空气弹簧具有附加气室，因此汽车可以根据自身的实际情况调节减振支柱的刚度和阻尼。就目前来看，CDC 空气弹簧液压减振支柱是各类汽车主动控制悬架中先进程度最高的一种。CDC 空气弹簧液压减振支柱如图 7-10（c）所示。

CDC 可变阻尼减振器系统应用了采埃孚主动悬架技术，且在核心部件中集成了 CDC 控制器、CDC 控制阀、中央控制单元、车身加速传感器和车轮加速度传感器等多种先进设备，并设有可容纳液压油的内腔室和外腔室，能够在各项技术和设备

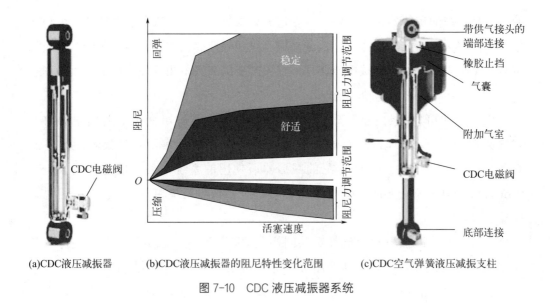

(a)CDC液压减振器　　(b)CDC液压减振器的阻尼特性变化范围　　(c)CDC空气弹簧液压减振支柱

图 7-10　CDC 液压减振器系统

的支持下为车辆提供良好的减振效果。

内腔室和外腔室之间具有小孔，两个腔室中的液压油可以通过小孔流动。具体来说，减振器中的活塞会在车辆行驶到颠簸路段时上下移动，同时内外腔室中的液压油也会受活塞移动的影响来回流动，并对活塞的运动产生阻力，此时液压油流动阻力、活塞移动阻力和减振器阻尼之间互相关联、互相影响。在液压油的流量一定时，内外腔室之间的小孔的尺寸与液压油流动阻力之间也存在比例关系。

由此可见，汽车可以利用 CDC 控制阀来调整内外腔室之间的小孔的尺寸，并借助小孔尺寸的变化来改变液压油在两个腔室之间流动的阻力，进而达到改变减振器阻尼的目的。当 CDC 阀门不断影响液压阻力时，较低的液压阻力会带来软减振，而较高的液压阻力则会形成硬减振。

7.2.4　汽车空气悬架电子控制系统

空气悬架电子控制模式主要涉及电子控制单元（ECU）、遥控器、高度传感器、电磁阀和遥控开关等相关设备，如图 7-11 所示。

① ECU 是汽车空气悬架电子控制系统的核心单元，主要用于处理相关信号并将经过处理的信号转化成相应的操作指令，具有较强的指挥控制功能。具体来说，ECU 所处理的信号包括车桥的高度信号、气囊的压力信号、车速信号

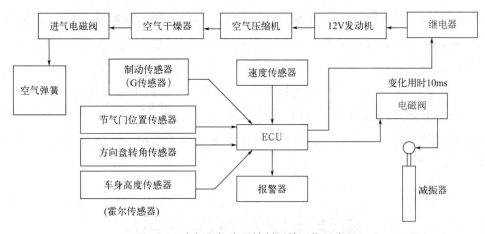

图 7-11　空气悬架电子控制系统工作示意图

和远程遥控器信号等多种信号,这些信号大多来自装配在汽车上的各个传感器。从流程来看,首先,汽车中装配的各个传感器会广泛采集车身状态信号,并将这些信号传输到 ECU 当中;其次,悬架 ECU 会对来自传感器的信号进行计算,并在此基础上获得最佳控制输出信号;再次,ECU 会通过向空气供给单元、空气弹簧、减振器阀门等设备发送操作指令的方式实现对各项相关参数的综合调节;最后,通过对悬架系统中的各项参数的调整实现对汽车驾驶体验的有效优化。

② 高度传感器大多装配在汽车车架的车轴附近且与高度阀的摆杆相连,能够在摆杆转动时精准感知空气悬架的高度变化和轴荷变化,并以电信号的形式向 ECU 传输偏离角度等相关信息,以便汽车利用 ECU 控制气囊充气和放气。压力传感器通常装配在车辆的气囊上,能够感知气囊压力变化,并以电压的形式来进行表达和传输,以便 ECU 根据电压变化来对汽车进行控制。

③ 电磁阀通常装配在汽车的车架上,具有接收和传输信号的作用,能够通过驱动相应的线圈吸合的方式来精准控制气囊充气、放气或保压。

在装配了空气悬架电子控制系统的汽车中,汽车的车架纵梁上通常安装有高度传感器,车桥上通常装有传感器摆杆,高度传感器可以根据摆杆的转动实现对车桥运动引起的车架与车桥之间的距离变化的实时监测,同时也会将监测到的信息传输到 ECU 当中。

除此之外,空气悬架电子控制系统还能够针对实际需求应用不同的测量设备,并在此基础上向 ECU 提供车速、供气压力和制动信息等相关输入信息,以便 ECU 利用控制算法对各项输入信息进行分析和计算,并根据计算结果生成相应的控制信号，实现对电磁阀等空气悬架执行机构的精准控制以及对空气弹簧刚度和减振器阻尼的有效调节，进一步提高车辆行驶过程中的稳定性、驾乘舒适性和道路友好性。

近年来，汽车电子电气架构持续优化升级，车载 ECU 所实现的功能也越来越多样化。未来，悬架 ECU 可能会与转向系统、制动系统等其他具有控制功能的系统协同作用，在汽车的底盘域控制器中集中对各项相关数据信息进行分析和计算。

7.3 CDC 悬架系统及其相关系统

7.3.1 CDC 悬架系统的工作原理及优势

悬架系统作为汽车底盘的基本组成部分，在维持车辆稳定性、舒适性、操控性和安全性方面发挥着重要作用。随着汽车产业的发展，悬架系统的形态愈加多样化，相关技术不断创新应用。其中，CDC（continuously damping control，连续阻尼控制）悬架系统是一种通过主动调节阻尼力以适应不同路面情况的悬架技术，它可以提供较好的减振效果。以下对 CDC 悬架系统的工作原理和优势进行介绍。

（1）CDC 悬架系统的工作原理

CDC 悬架系统对阻尼力的调节是通过电子控制来实现的，即电控单元根据传感器实时采集到的车辆状态信息主动调节减振器的阻尼力。

CDC 悬架系统中主要包括 CDC 减振器、CDC 控制阀、中央控制单元、车轮加速度传感器和车身加速度传感器，能够通过对减振器阀门开度的有效控制来调整减振器中油的流速，并在此基础上对减振器刚度进行精准调控。

具体来说，CDC 悬架系统的工作原理如下：

① 传感器采集信息。CDC 悬架系统一般通过加速度传感器、车轮传感器等传感设备采集车辆运行状态数据，这些数据包括路面情况、车速、车身位移变化、车身倾斜角度等。这些数据为系统运算单元的分析、决策提供了支撑。

② 信息处理与分析。CDC 悬架系统的运算模块或电子控制单元可以基于传感器的采集信息进行分析、处理、决策，快速计算出车辆的横向加速度、纵向加速度等数据，为阻尼力控制执行奠定基础。

③ 阻尼力调节。CDC 悬架系统中的控制执行器根据电控单元的指令信号执行相应操作，即主动控制阀门来改变减振器的阻尼力。例如，当车辆在崎岖的路面上行驶时，系统可以增加阻尼以降低车身摇晃幅度；当车辆在平整路面上高速运行时，系统可以降低阻尼力以提高悬架响应速度。

④ 实时调节。CDC 悬架系统对减振器阻尼力的调节具有较大的灵活性，能够根据路面情况和车辆运行参数（包括方向盘转向角度、车速等）快速做出响应，实时控制好车身姿态，最大限度地发挥悬架的效用，确保车辆的操控性能和驾乘人员的乘坐舒适性。

（2）CDC 悬架系统的优势

与传统的悬架系统相比，CDC 悬架系统的优点主要体现在以下方面：

① 提高乘坐舒适性。CDC 悬架系统的响应速度更快，可以根据实时采集到的参数信息更精细地调节减振器的阻尼力，快速适应不同的驾驶条件和复杂的路面情况，从而提供更好的驾驶体验，确保人员乘坐舒适性。

② 提升操控性能。CDC 悬架系统提供了较好的悬架性能，通过实时调节减振器的阻尼力，可以有效控制车身姿态，减少车辆的侧倾和纵向起伏的幅度，从而确保车辆的稳定性和操控性能，保证驾驶安全。

③ 适应多种场景。CDC 悬架系统具有高可靠性，能够基于对多种路面情况和驾驶条件的准确判断进行主动调节；同时由于成本相对较低，可以广泛应用在各种车型中。

总的来说，CDC 悬架系统能够基于对车辆和路面感知数据的科学分析，主动对减振器的阻尼力进行调节控制，从而具备了更快的响应速度、更好的稳定性和适应性，能够在多种路况或驾驶条件下发挥作用，保障驾驶车辆的操控性、安全性和舒适性。随着悬架技术的发展，CDC 悬架系统将进一步推广应用。

7.3.2 CDC 减振系统的构成及工作原理

CDC 减振系统是由德国知名汽车零部件供应商采埃孚发明的，也被称为"全时主动式液力减振稳定系统"。以下对该系统的构成和工作原理进行详细介绍。

（1）CDC 减振系统的构成

CDC 减振系统的主要构成部分包括 CDC 减振器、中央控制单元、CDC 控制阀、车轮加速度传感器和车身加速度传感器等，具体如图 7-12 所示。

（2）汽车常规减振系统的工作原理

为了使读者更容易地理解CDC减振系统的工作原理，这里先对汽车常规减振系统的原理进行介绍。减振系统一般由减振弹簧和减振器（如图7-13所示）组成，二者相互协同实现减振效果，如图7-14所示。当车辆在崎岖路面上行驶时，弹簧基于弹性特性，可以有效缓和地面冲击力对车辆造成的颠簸和振动，同时减振器利用阻尼作用抑制弹簧在压缩或拉伸过程中的摆动，从而达到稳定车身的目的。

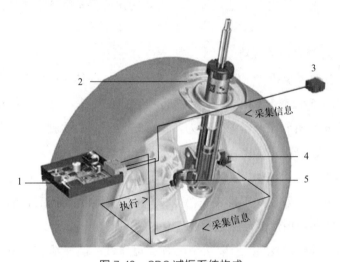

图7-12　CDC减振系统构成

1—中央控制单元；2—CDC减振器；3—车身加速度传感器；4—车轮加速度传感器；5—CDC控制阀

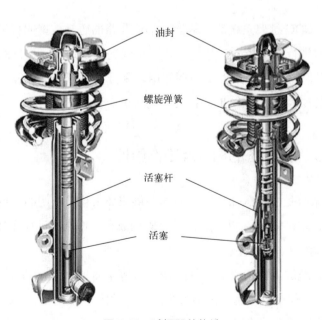

图7-13　减振器的构造

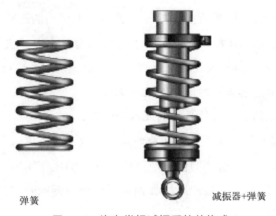

弹簧　　　　　　　　减振器+弹簧

图 7-14　汽车常规减振系统的构成

通常我们所说的悬架的"软硬"具体表现为减振器阻尼力的大小。根据不同路况对减振器阻尼力大小进行调节，就实现了对悬架软硬的调节。一般来说，当汽车行驶在凹凸不平的路面上时，要求悬架更"软"；当汽车在平整路面上高速运行或转向时，要求悬架更"硬"，从而更好地适应对车辆的操控性、舒适性要求。

（3）CDC 减振器的工作原理

与常规减振器相比，CDC 减振器的特点在于：其上腔和补偿腔的空间中增加了中间腔和电磁阀，在伸张阀、压缩阀和流通阀的协同下，上腔的部分油液可以通过中间腔流向补偿腔，同时只需要改变 CDC 电磁阀的工作电流，就可以改变节流通道的大小，从而实现对减振器阻尼力的主动调节。CDC 减振器的工作过程一般可以分为拉伸行程和压缩行程，其原理如下：

① 伸张行程。在伸张行程中，活塞杆相对于腔体向上运动，使得上腔体积逐渐减小，同时上腔和中间腔的油压逐渐增大。油液流动路径可以分为 3 路：

- 上腔油液在压力作用下推开活塞总成上的伸张阀，直接流入下腔；
- 活塞杆发生位移时，可以为下腔腾出更多的容积空间，而从上腔流入的油液不足以充满此部分空间，因此补偿腔中的油液会在压力作用下自动推开底阀总成上的补偿阀从而流入下腔；
- 在 CDC 电磁阀的控制下，中间腔的油液可以通过节流通道流入补偿腔。

在车辆运行时，活塞杆会在路面冲击力的作用下发生位移，当活塞杆相对于腔体的位移速度较小时，油压难以克服拉伸阀弹簧预紧力，拉伸阀处于关闭状态；当活塞杆相对于腔体的位移速度较快时，油压迅速提高到足以克服拉伸阀弹簧预紧力，拉伸阀开启。

② 压缩行程。压缩行程即活塞杆相对于腔体向下运动的过程，在这一过程中，下腔空间减小，油压随之增大。流通阀由于开启压力较小，一般作为单向阀使用，因此下腔与上腔的压力差值不大。压缩行程中的油液流动路径也可以分为3路：
- 下腔油液经活塞总成上的流通阀流入上腔；
- 下腔油液经底阀总成上的压缩阀流入补偿腔；
- 在CDC电磁阀的控制下，中间腔的油液经节流通道流入补偿腔。

与伸张行程类似，当活塞杆的位移速度较小时，油压作用力小于压缩阀弹簧预紧力，压缩阀处于关闭状态；当油压增加到足以克服压缩阀弹簧预紧力时，压缩阀开启。

（4）CDC减振器如何实现阻尼调节？

CDC减振器具有内外腔室的结构，两个腔室都以液压油填充，内外腔室的油液可以通过小孔相互流动。当崎岖路面对车轮产生冲击力时，减振器内的活塞相对于套筒发生上下位移，腔内的油液对活塞产生阻力的同时，也会在活塞作用力的影响下流向内腔室或外腔室。因此，可以通过改变活塞阻力的大小来改变减振器阻尼的大小。

内外腔室之间分布有供油液流通的小孔，当油液流量一定时，小孔的大小与液压油的阻力成一定的比例关系，因此利用CDC控制阀来改变小孔的大小，即可改变油液阻力的大小，从而改变减振器的阻尼力的大小。

而如何实现对减振器阻尼力的精准控制呢？这主要依赖于CDC系统的电控单元。电控单元可以对传感器采集到的各种车辆运行信息（包括车身横向加速度、纵向加速度、转向角度等）进行分析、运算、对比，输出科学的决策指令并传递到CDC控制阀执行，从而实现对减振器阻尼力的精准控制，以适应各种路况条件下的减振需求。

7.3.3 CDC悬架控制系统的组成、工作原理及故障诊断

CDC悬架控制系统又称为"连续可变阻尼控制悬架系统"，是一种半主动的悬架控制系统。该系统可以基于车辆运行情况和行驶条件，通过电磁阀实现对减振器阻尼的持续调节，从而有效维持车身稳定性和操控性能，改善人员的驾乘体验。

（1）CDC悬架控制系统组成

CDC悬架控制系统的组成结构包括：分别安装在4个车轮上的带CDC电磁阀的减振器；2个车轮垂直加速度传感器，分别安装在左前、右前车轮上；3个车

身垂直加速度传感器，一般安装在车身的左前方、右前方和车身后方；CDC 悬架控制单元。

（2）CDC 悬架控制系统的工作原理

CDC 悬架控制单元的应用，能够有效保障在不同行驶条件下的车身稳定性、操作安全性和乘坐舒适性。具体工作原理如图 7-15 所示。

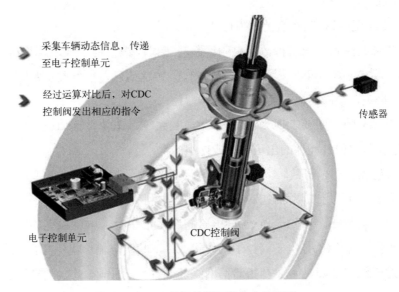

图 7-15　CDC 悬架控制系统的电控原理

在车辆的行驶过程中，车轮垂直加速度传感器和车身垂直加速度传感器会将感知到的行驶数据实时传递到 CDC 悬架系统的电控单元中，电控单元基于这些数据对 CDC 减振器速率、车身振动情况进行分析评估，并根据车速、转向盘转角、制动开关、加速踏板位置等信号判断驾驶员意图，进而作出控制决策，再通过调整每个 CDC 电磁阀的电流大小来调整车身姿态与动作。在紧急制动、高速转弯等极端工况下，电控单元可以主动限制 CDC 电磁阀的最大工作电流，从而保证驾驶安全。

一般来说，车轮垂直加速度传感器和车身垂直加速度传感器各配有 3 根导线，分别为信号线、电源线和搭铁线。

CDC 悬架控制单元一般利用占空比信号调节电磁阀工作电流大小，同时能够实时监测 CDC 电磁阀的实际工作电流，基于反馈的监测信号实现闭环控制。CDC 电磁阀的工作电流范围通常是 0～1.6A，电磁阀的工作电流越大，所对应的阻尼越小，反之则越大。此外，CDC 电磁阀对电控单元指令的响应速度能够达到毫秒级，具有较高的可靠性。

目前装载在汽车上的CDC悬架控制系统支持"普通""舒适"和"运动"3种工作模式：在普通模式下，阻尼值可以在最大阻尼范围内调节；在舒适模式下，为了实现车身从振动到稳定的平缓过渡，阻尼值一般在低阻尼范围内调节；在运动模式下，由于需要对车身振动迅速响应，因此阻尼值一般在高阻尼范围内调节。如果出现悬架控制系统失效等特殊工况，阻尼值将处于最高位，从而尽可能保证车辆行驶的安全性。

（3）CDC悬架控制系统的故障诊断

CDC悬架控制系统支持故障自动诊断与错误反馈。当CDC悬架控制系统出现故障时，其控制单元可以按照相应的故障代码传递信息，使驾驶员及时了解故障状态。总的来说，故障可以分为以下四种类型：

① 电源故障，主要表现为CDC悬架控制系统、车轮垂直加速度传感器、车身垂直加速度传感器等元件的电压过大或过小。

② 传感器输出信号故障，具体表现为各类传感器输出的信号失真、电压过高或过低，或受外力作用或环境影响导致信号无法顺利传递等。

③ 执行器故障。例如，当CDC电磁阀停止工作时，电源线上的电压仍然维持在较高水平；或当CDC电磁阀处于工作状态时，其实际输出电流与指令电流不符。

④ 通信线路故障，主要是指通信网络的硬件部分损坏，这可能导致CDC悬架控制模块损坏。

驾驶员或维修人员在排查故障时，应该着重关注故障代码的提示信息，检查相关部件、线路、导线连接器、电源等是否正常运行，检查导线连接器的端子是否弯曲或金属孔是否处于正确位置；在必要的时候，可以脱开相关部件的导线连接器，对各个组成部分分别进行测试，观察故障代码变化情况。针对一些不明确的、难以重复再现的偶发性故障，可以采用抖动线束、敲击部件等方法排查故障点。

7.4　MRC电磁悬架系统

7.4.1　MRC电磁悬架技术简介

MRC（magnetic ride control）电磁悬架技术在保障智能网联汽车的安全性方面发挥了重要作用。传统汽车悬架主要由减振器、弹簧等机械结构组成，这一结构制约了悬架振动控制性能的提升；MRC 电磁悬架技术则利用磁流变液体的特性，可以通过改变磁场强度的方式实现对悬架振动幅度的精准控制。以下将从 MRC 电磁悬架的结构、特点、控制方式、技术优势和挑战等方面对该技术的发展情况进行简要介绍。

（1）MRC 电磁悬架的结构

MRC 电磁悬架的技术要点在于通过电信号控制磁场强度以改变磁流变液体的黏度状态，从而调整悬架系统的阻尼特性。一般来说，MRC 电磁悬架的结构包含传感器、悬架系统和电子控制单元三个部分。其中，传感器能够实时监测车辆行进速度、加速度、车身倾斜角度、转向盘转向角度、车轮所受载荷等工况信息，并反馈给电控单元；电控单元对感知数据进行分析计算，并将决策指令传递到电磁阀等执行机构，从而实现对磁流变液体黏度的调整，达到调节悬架阻尼力的目的。

（2）MRC 电磁悬架的特点

与传统的悬架相比，MRC 电磁悬架的阻尼控制性能更好，其响应速度更快、精度更高且安全性有所提升。MRC 电磁悬架技术是一种半主动的汽车悬架系统技术，当车辆处于变道、加速、紧急制动等运行状态时，其控制系统可以根据车辆工况参数及道路条件预判控制需求，并对悬架阻尼力进行自适应调整，从而有效减轻车身的振动幅度，降低噪声，引导车辆维持稳定、平衡的状态，改善驾驶体验并保证驾驶安全。

（3）MRC 电磁悬架的控制方式

MRC 电磁悬架控制的实现方式通常可以分为"开环控制"和"闭环控制"两种。前者需要预先设定一定的阻尼控制曲线，然后带入实际运行参数来对曲线坡度进行调整，进而根据曲线改变车辆悬架阻尼力。这一方法的控制精度较低，且有较为严格的应用条件，具体操作不易实现。后者则可以基于感知反馈与操作执行形成的闭环，实现对悬架阻尼力的灵活调整，因此控制精度更高，自适应控制的目的也更容易实现。

（4）MRC 电磁悬架技术的优势

目前，MRC 电磁悬架技术在汽车行业得到了越来越广泛的应用，其技术优势主要表现在以下方面：

① 提升车辆的安全性和稳定性。当车辆在湿滑路面、崎岖山路、雪地、人流密集区域等复杂道路条件下行驶时，MRC 电磁悬架系统可以基于对道路环境的精准感知，主动、及时地调整悬架高度和阻尼力，以适应车辆的稳定性控制要求，确保车

辆处于平稳、可靠、舒适的运行状态。

② 提高车辆的燃油效率和续航里程。传统的机械悬架系统在实施控制的过程中，不可避免地会产生较多的能量损耗。而 MRC 电磁悬架系统由于能够根据感知参数主动调节悬架高度和阻尼力，因此有助于减少能量损耗，提高燃油效率和续航里程，同时降低车辆维护成本。此外，汽车能源的高效利用有利于推动汽车产业向环境友好的方向发展。

③ 提高驾驶员和乘客的乘坐体验。MRC 电磁悬架技术通过对悬架高度和阻尼力的主动调节，能够有效缓和车身的振动与颠簸，提高车辆在紧急制动、高速行驶及紧急转向工况下的稳定性，提高驾乘人员的乘坐舒适度。

（5）MRC 电磁悬架技术的挑战

MRC 电磁悬架技术在推广应用的同时，也存在技术问题与挑战。首先，MRC 电磁悬架系统面临着液体耐久性问题，悬架中的磁流变液体会受到高压、高温等极端环境的影响，液体在长时间使用后会发生质量损失，由此削弱了 MRC 电磁悬架系统的可靠性；其次，相关控制系统的安装工艺较为复杂，这拉高了制造成本，也是制约 MRC 电磁悬架技术发展的因素之一；再次，MRC 电磁悬架系统目前多应用在高档轿车和赛车等车型中，如何降低成本、打破技术瓶颈，实现该型悬架系统在普通车型中的应用推广，是研发人员、市场销售部门、零部件供应商等产业链上下游参与主体需要共同解决的问题。

随着自动化技术、新一代网络通信技术、人工智能等技术的快速发展，智能网联汽车、自动驾驶汽车的发展步伐也进一步加快，汽车悬架系统技术作为智能汽车的重要技术支撑，也不断升级、创新。而 MRC 电磁悬架技术作为近年来汽车悬架系统技术的重要技术成果，无疑有着巨大的发展潜力和广泛的应用前景。

7.4.2 MRC 电磁悬架系统的应用情况与工作原理

（1）应用情况

MRC 电磁悬架系统主要通过弹簧提供支撑力，其减振器内部的磁流变液（magneto-rheological fluid）是实现悬架系统控制性能的关键要素，利用电磁场改变磁流变液的黏度，就可以改变减振器的阻尼力矩，从而改变悬架的软硬程度。

对磁流变减振器的研究可以追溯到 20 世纪 90 年代，美国在军事装备领域应用磁流变减振器来提高战车的机动性能和射击精度。得益于磁流变液的应用，MRC 电磁悬架系统具备了快速响应的突出优势，支持对运动、旅行、赛道驾驶等不同模式自由切换，能够适应多种复杂的道路条件，为车辆行驶的稳定性、安全性提供了可靠保障。

目前，MRC 电磁悬架系统在国内市场的应用多见于凯迪拉克的高端商务车型，例如 CT5、CT6、XT5 和 XT6 等。2022 年，首款搭载了 MRC 电磁悬架系统的高端商务轿车凯迪拉克 STS 上市；2008 年，凯迪拉克 CTS-V 在纽伯格林（Nürburgring）北圈赛道中突破了四门轿车的跑分纪录。随着技术改进与成本优化，MRC 电磁悬架也逐渐被应用到凯迪拉克的部分普通车型上。以 2023 款 CT6 铂金型为例，MRC 电磁悬架系统支持舒适、运动、雪地和个性化四种模式切换：舒适模式下的系统控制侧重提升滤震性，适用于崎岖路面或减速带等行驶条件；运动模式下的悬架系统具有较强的过弯支撑性，使车辆在平整路面上高速行驶时有更好的贴地性。

（2）MRC 电磁悬架系统工作原理

MRC 电磁悬架系统是一种半主动的控制系统，可以通过传感器实时采集车辆工况信息和路面环境信息，然后基于感知数据进行分析、决策，从而实现对减振器阻尼力的主动调控，其阻尼控制频率可以达到 1000 次/s。目前，在最新一代 MRC 电磁悬架系统中采用了更加先进的传感技术（例如惯导测量单元、四轮高精度加速度传感器的应用）和性能更好的减振液，使得悬架的控制性能进一步提升，对控制需求的响应速度更快，阻尼力调节更为精准且能够辅助车辆更为平顺地过渡到稳定状态，提升了驾乘舒适性。

MRC 电磁悬架系统的减振器（包括前轴和后轴）的活塞中间都配置了电控装置和电缆，悬架利用磁流变效应的原理实现对减振器阻尼力的主动调节。磁流变液一般由微小的软磁性颗粒和非导磁性液体混合而成。在零磁场条件下（即未被磁化时），软磁性颗粒处于自由游离的状态，磁流变液的黏度较低；当电控装置输出电流形成磁场时，软磁性颗粒会聚集并规则排列起来，导致磁流变液的黏度增加。MRC 电磁悬架的控制速率远远高于传统的空气弹簧悬架系统，能够快速响应各种控制需求。

一般来说，车辆在平整路面上的运行速度较快，此时磁流变液的黏度较低，当突然遇到路面起伏状况时，柔软的悬架能够有效过滤掉多余振动，确保车辆不被抛离地面，并为驾驶员提供舒适的驾驶体验；车辆在转向时一般伴随着减速操作，此时电磁力会增大，磁流变液黏度提高，较硬的悬架有助于为车身提供侧向支撑，使车辆具备更强的操作性，从而辅助驾驶员在极限状态下有效管理车身动态。

在停车场入口、学校门口、高速公路收费站等区域的路面通常安装有减速带，车辆需要减速通过。当车辆到达减速带时，MRC 电磁悬架系统可以根据速度、发动机力矩、车辆起伏状态等传感信号，改变磁流变液状态，缓和减速带对车辆造成的颠簸和冲击，并根据振动反馈信号进行持续控制，使车辆平稳地通过连续布设的减速带。此外，面对紧急制动的工况，MRC 电磁悬架系统也能够快速响应并收缩悬架行程，抑制点头动作，减轻乘客的不适感。

参考文献

[1] 李克强，王建强，许庆．智能网联汽车 [M]．北京：清华大学出版社，2022: 45-57.

[2] 张雷，徐同良，李嗣阳，等．全线控分布式驱动电动汽车底盘协同控制研究综述 [J]．机械工程学报，2023, 59(20): 261-280.

[3] 黎华惠．浅析线控技术在汽车底盘的应用 [J]．汽车维修技师，2023(10): 121.

[4] 中国汽车工程学会．电动汽车智能底盘技术路线图 [M]．北京：机械工业出版社，2023: 38-46.

[5] 程增木，杨胜兵．智能网联汽车技术原理与应用 [M]．北京：机械工业出版社，2022: 98-111.

[6] Biyao W , Yi H , Siyu W , et al. A Review of Intelligent Connected Vehicle Cooperative Driving Development[J]. Mathematics, 2022, 10 (19): 3635-3635.

[7] 黄李丽．智能网联背景下汽车底盘线控系统及控制技术应用 [J]．内燃机与配件，2023 (13): 93-95.

[8] 宋应鑫，徐亿勇．汽车线控底盘技术发展趋势研究 [J]．汽车测试报告，2023 (12): 149-151.

[9] 何凌兰，周苏．新能源汽车智能驾驶线控底盘技术应用 [J]．汽车测试报告，2023 (03): 53-55.

[10] 陈萌，杜万席．汽车线控底盘技术发展趋势分析与研究 [J]．汽车与配件，2022 (24): 54-59.

[11] 李东兵，杨连福．智能网联汽车底盘线控系统装调与检修 [M]．北京：机械工业出版社，2021: 78-92.

[12] 徐豪迪．基于线控底盘的无人驾驶路径规划与跟踪控制研究 [D]．浙江：浙江科技学院，2022.

[13] 工业和信息化部装备工业一司．开展试点工作促进智能网联汽车产品迭代优化 [N]．中国电子报，2023-11-24(002).

[14] Lingfeng Z, Qinxing C, Yanping H, et al. Stability control of steer by wire system based on improved ADRC[J]. Proceedings of the Institution of Mechanical Engineers, Part D: Journal of Automobile Engineering, 2022, 236 (10-11): 2283-2293.

[15] 马艳．四部门联手推动智能网联汽车产业化 [N]．中国工业报，2023-11-24(003).

[16] 李雁争．开展智能网联汽车准入和上路通行试点 [N]．上海证券报，2023-11-18(002).

[17] 郭耀华，丁金全，王长新，等．商用车底盘线控技术研究现状及应用进展 [J]．汽车工程学报，2022, 12(06): 695-714.

[18] 段红艳，王建锋．智能网联汽车底盘线控系统与控制技术 [J]．汽车实用技术，2022, 47(17): 40-45.

[19] 高源．面向复杂园区场景的自动驾驶车辆运动控制技术研究 [D]．扬州：扬州大学，2022.

[20] 靳万里．基于传感器解析冗余的智能汽车底盘域控制策略研究 [D]．长春：吉林大学，2022.

[21] 申泽宇．基于分布式驱动的线控底盘汽车集成及轨迹跟踪控制研究 [D]．长春：吉林大学，2022.

[22] Tian G, Yi H, Nan K, et al. An Overview of Vehicular Cybersecurity for Intelligent Connected Vehicles[J]. Sustainability, 2022, 14 (9): 5211-5211.

[23] 孟培嘉. 四部门部署智能网联汽车准入和上路通行试点 [N]. 中国证券报, 2023-11-18(A05).

[24] 袁小康, 何磊静, 赵小帅, 等. 试点扩围支持升级智能网联汽车发展加速 [N]. 经济参考报, 2023-11-14(002).

[25] Lee J, Kim K I, Kim M, et al. Haptic control of steer-by-wire systems using parameter estimation of rack system lateral load model[J]. Proceedings of the Institution of Mechanical Engineers, Part D: Journal of Automobile Engineering, 2022, 236(4): 540-552.

[26] 朱可夫. 双模式后轮主动转向系统设计与控制研究 [D]. 长春: 吉林大学, 2022.

[27] 刘建铭, 刘建勇, 张发忠. 新能源汽车智能驾驶线控底盘技术应用研究 [J]. 时代汽车, 2022 (03): 101-103.

[28] 底盘的线控技术对于未来新能源汽车的意义 [J]. 汽车之友, 2022 (Z2): 68-73.

[29] 周洪川, 吴秀杰, 龙鹏, 等. 智能重卡线控底盘的发展及性能试验研究 [C]// 重庆汽车工程学会. 重庆汽车工程学会 2021 年论文汇编.

[30] 谢冬. 电动线控转向系统设计与控制研究 [D]. 合肥: 合肥工业大学, 2021.

[31] 李万晨曦, 施露. 城市中心智能网联汽车应用加速落地 [N]. 证券日报, 2023-11-09(B03).

[32] 于奇, 郭振, 任世轩, 等. 智能网联汽车信息安全分析及防护策略 [C]// 中国计算机学会. 第 38 次全国计算机安全学术交流会论文集.

[33] 李宇柔. 面向功能安全的集成线控底盘 SUV 防侧翻控制研究 [D]. 南京: 南京航空航天大学, 2021.

[34] 赵苗苗, 陈志元, 袁葭杰. 基于纯电动客车自动驾驶线控底盘技术 [J]. 客车技术与研究, 2020, 42(06): 15-18.

[35] 李亮, 王翔宇, 程硕, 等. 汽车底盘线控与动力学域控制技术 [J]. 汽车安全与节能学报, 2020, 11(02): 143-160.

[36] 唐诗华. 智能网联汽车发展政策与标准体系探究 [J]. 质量与认证, 2023 (10): 41-43.

[37] 马艳. 技术迭代升级 智能网联汽车进入发展新阶段 [N]. 中国工业报, 2023-09-22(004).

[38] 万正宇. 过驱动电动汽车底盘执行器失效行为分析及容错控制 [D]. 重庆: 重庆大学, 2020.

[39] 李时雨. 基于线控转向系统的无人驾驶技术发展 [J]. 汽车工程师, 2018 (03): 14-17.

[40] 邓平尧. 探讨线控汽车底盘控制技术分析及发展 [J]. 科技风, 2016 (12): 16, 18.

[41] 谢毅欣, 柯宽容, 郑及时, 等. 有关汽车底盘控制技术的探讨 [J]. 科技创新与应用, 2016 (05): 105.

[42] 姜国凯, 和福建, 季国田, 等. 智能网联汽车高精度定位技术及发展趋势 [J]. 汽车电器, 2023 (09): 1-2.

[43] 陈雷, 程凤军. 智能网联汽车主动避撞技术的研究现状与趋势 [J]. 汽车电器, 2023 (09): 3-7.

[44] Chuan F. Research on steering control performance of electric forklift with steer by wire[J]. International Journal of Metrology and Quality Engineering, 2021, 12: 1.

[45] 宗长富, 李刚, 郑宏宇, 等. 线控汽车底盘控制技术研究进展及展望 [J]. 中国公路学报, 2013, 26(02): 160-176.

[46] 李文阳. 浅谈汽车底盘线控技术的应用与发展 [J]. 科技创新导报, 2009 (36): 43.